Wahlbekanntschaften

Literarische Beziehungen zwischen Österreich und Ungarn 1989 bis 1999

Herausgegeben von
Mária Mayer-Szilágyi
und Margot Wieser

Paul Zsolnay Verlag

In Zusammenarbeit und mit freundlicher Unterstützung
von KulturKontakt Austria

ISBN 3-552-04944-4

Satz: Filmsatz Schröter, München
Druck und Bindung: Friedrich Pustet, Regensburg
Printed in Germany

INHALT

I. LITERATUR UND ÜBER-SETZEN

II. INITIATIVEN UND INSTITUTIONEN

III. WISSENSCHAFTLICH-KULTURELLE REZEPTION

IV. VERLAGE, ZEITSCHRIFTEN

V. ANHANG

Zum Geleit

Vor nunmehr zehn Jahren begann KulturKontakt Austria den kulturellen Dialog und den künstlerischen Austausch mit den Reformstaaten in Mittel- und Osteuropa zu entwickeln und zu intensivieren.

Austausch bedeutete für uns, nicht nur die vielen neuen Kulturinitiativen in den Reformstaaten selbst zu unterstützen und KünstlerInnen beim Aufbau ihrer Kontakte ins westliche Ausland zu helfen, sondern auch, dem zeitgenössischen – in diesem Falle ungarischen – Kulturschaffen in Österreich eine Plattform zu geben.

Sehr bald mußten wir erkennen, daß in Ungarn, wie in den meisten anderen Reformstaaten, das Interesse für das Kulturgeschehen in Österreich wesentlich größer war als umgekehrt. Nach 1989 wurden historische und kulturelle Gemeinsamkeiten mit unseren östlichen Nachbarn wieder häufig beschworen, aber man übersah dabei nur allzu leicht, wie oberflächlich das Wissen um diese Gemeinsamkeiten war – und noch immer ist.

Im Rückblick auf zehn Jahre waren es vor allem Projekte aus dem Bereich der bildenden Kunst, die an uns herangetragen wurden. Einen regen Austausch konnten wir auch im Bereich des Theaters und der Musik verzeichnen; ungarische Filmproduktionen hingegen fanden nur selten ihren Weg in österreichische Kinos, ebensowenig wie neue ungarische Theaterstücke auf unsere Bühnen.

Ist das gute nachbarschaftliche Verhältnis ein Hindernis für ein umfassenderes Interesse?

Im Bereich der Literatur gibt es Unterschiede zu anderen osteuropäischen Ländern: Aus Ungarn haben uns nur wenige Ansuchen um Übersetzungsförderung erreicht, diese wiederum galten ausnahmslos der neuesten österreichischen Literatur. Wobei dieses Bild sicher kein vollständiges ist, da unsere Programme vor allem als eine Ergänzung der Übersetzungsförderungen der BKA-Kunstsektion zu verstehen sind.

Was kann und was wird der Ungarn-Schwerpunkt bei der Frankfurter Buchmesse 1999 ändern? Fürs erste sind neue Bücher ungarischer AutorInnen in österreichischen Verlagen und im gesamten deutschen Sprachraum in einem bislang unbekannten Ausmaß zu erwarten.

Es wäre zu begrüßen, daß dieser Boom nicht gleich wieder abreißt. Denn gerade der europäische Integrationsprozeß macht es notwendig, mehr über die »neuen« Länder zu wissen. Integration darf nicht nur als wirtschaftlicher und politischer Prozeß verstanden werden – um langfristig erfolgreich zu sein, muß es auch eine kulturelle Entwicklung geben.

Vielleicht kann dieser Band einen kleinen Beitrag zum nachbarschaftlichen Verständnis leisten, Wechselbeziehungen – aber auch Einseitigkeiten – aufzeigen und zu neuen Kontakten anregen. Und wer könnte uns mehr über die Befindlichkeit eines Landes vermitteln als seine SchriftstellerInnen?

(Annemarie Türk)

Wie fern ist das Nahe? – *Vorwort*

Beziehungen verlaufen selten linear, deshalb ist es gar nicht einfach, sie nachzuzeichnen. Dies gilt auch für die literarischen Beziehungen zwischen Österreich und Ungarn in den letzten zehn Jahren.

Wie haben sich diese seit 1989, seit dem Fall des Eisernen Vorhangs, entwickelt? Laufen sie über persönliche, freundschaftliche Begegnungen, über Institutionen, Verlage und Zeitschriften? Wird ungarische Literatur in Österreich gelesen, und wie verhält es sich umgekehrt? Was wird gelesen, und wie wird es aufgenommen?

Diesen Fragen wird in Beiträgen nachgegangen, die von SchriftstellerInnen, ÜbersetzerInnen, LiteraturwissenschaftlerInnen, VerlegerInnen und VeranstalterInnen – nahezu ohne Ausnahme – eigens für dieses Buch verfaßt worden sind.

SchriftstellerInnen und ÜbersetzerInnen schreiben über ihre persönlichen Begegnungen und Erfahrungen mit dem anderen Land und seiner Literatur, Orte gewinnen Bedeutung, Bekanntschaften werden zu Freundschaften.

Bei unseren Recherchen fiel auf, daß viele Texte der zeitgenössischen ungarischen Literatur sich mit Österreich auseinandersetzen, ganz im Gegensatz zu den österreichischen Schriftstellern, die sich nur ausnahmsweise auf Ungarn einlassen. Eine ungarische Literaturwissenschaftlerin hat dazu einfach festgestellt: »Jeder ungarische Autor war zumindest einmal in Wien.« Und umgekehrt?

»Nur ist dieses Verhältnis eben asymmetrisch, beklemmend einseitig, statt eines wechselseitigen Dialogs ein immer wieder unterbrochenes Zwiegespräch«, schreibt Sándor Mészáros bezüglich der ungarischen Literatur und ihrer geistigen Verbundenheit, nicht nur mit Österreich, sondern mit Europa.

Um den Dialog über Grenzen hinweg zu beleben, wagten wir ein Experiment und initiierten einen »Kettentext« von ungarischen und österreichischen AutorInnen. Das amüsante Ergebnis dieser literarischen Begegnungen ist ebenfalls hier nachzulesen.

Im zweiten Teil stellen wir exemplarisch Initiativen und Institutionen vor, die in der Literaturvermittlung eine entscheidende Rolle spielen, während im dritten und vierten Teil ein Blick auf die ungarische Literatur des letzten Jahrzehnts geworfen sowie die gegenseitige Rezeption erörtert wird. Umfragen bei VerlegerInnen, LektorInnen, HerausgeberInnen und Veranstaltern in Österreich und Ungarn geben Aufschluß über den Stellenwert der Literatur des Nachbarn. Und auch hier läßt sich feststellen: Einzelne Personen und persönliche Kontakte spielen in der Vermittlung der Literatur zwischen den beiden Ländern eine wichtige Rolle. Institutionen wirken in erster Linie unterstützend.

Letztlich soll ein Serviceteil, der eine Auswahl der wichtigsten Anlaufstellen des Literatur- und Kulturbetriebs der beiden Länder nennt, dazu beitragen, das Knüpfen anderer, neuer Beziehungen zu erleichtern.

Ausgewählte Beiträge dieses Bandes sind auf ungarisch in der Herbstnummer 1999 der Zeitschrift *Magyar Lettre Internationale* nachzulesen.

Unser Dank für wertvolle Anregungen gilt Éva Karádi, Edit Király und Peter Plener.

(Mária Mayer-Szilágyi, Margot Wieser)

I

LITERATUR
UND
ÜBER-SETZEN

GYÖRGY DALOS

Wiener Miniaturen

Marzipan

Ich verbrachte zum ersten Mal im Frühjahr 1980 eine längere Zeit in Wien. Österreich feierte damals den 25. Jahrestag des Staatsvertrages, das heißt, seiner international garantierten Neutralität. Bei einem Spaziergang in der Wiener Innenstadt bemerkte ich im Schaufenster des Café Demel ein eigenartiges Kunstwerk: Es zeigte die Außenminister der vier früheren Besatzungsmächte sowie die Vertreter der österreichischen Regierung von 1955 auf dem Balkon des Belvedere. Vor ihnen standen vier, mit Soldaten vollgepackte Lastkraftwagen, die in verschiedene Windrichtungen das Territorium des neuen, neutralen Staates verließen.

Diese Szene wurde entsprechend dem Charakter des schaufenstergestaltenden Etablissements aus Marzipan geformt. Hier wurde gewissermaßen der günstigen Wende der österreichischen Geschichte ein Zuckerbäcker-Denkmal gesetzt. Ich stand lange vor dem Schaufenster und mir lief das Wasser im Mund zusammen. Am liebsten hätte ich diese zur süßwarengewerblichen Perfektion gelangte Neutralität vernascht, und ich wäre nicht einmal davor zurückgeschreckt, den Kopf von Bruno Kreisky abzubeißen.

Staatlich garantierte Freude

Ich bin mehrmals mit dem Schiff von Budapest nach Wien gefahren. Die zunehmende Häufigkeit meiner Westreisen wies eine enge Korrelation zum langsamen Zerfall des Systems auf. Besonders bei der Bahnfahrt wurde mir die Kluft zwischen den beiden Welten gegenwärtig. Erst als sich der Zug, Hegyeshalom verlassend, Zurndorf näherte, atmete ich auf und spürte den allen Ostblockbürgern wohlbekannten Rausch, wenn ich vor dem Westbahnhof die erste Tafel mit der Inschrift »Europaplatz« erblickt hatte.

Auf dem Schiff war es anders. Wir fuhren noch zwischen den ungarischen Ufern, aber ich atmete bereits die Luft des goldenen Westens ein. Es schien, als wären alle Grenzen Einbildungen, als hätten mich nicht die Wellen der Donau, sondern diejenigen der Freiheit auf dem Rükken getragen.

Seitdem passierte ich mit Bus, Auto und sogar Flugzeug die österreichisch-ungarische Grenze, aber ich erinnere mich an keinen einzigen Fall aus den letzten zehn Jahren, in dem ich irgendwas dabei gefühlt hätte.

Nur ein autoritärer Staat kann seinen Bürgern wahre Freude verschaffen.

Meine neuen Mitbürger

Im Februar 1995 erhielt ich zur ungarischen auch die österreichische Staatsbürgerschaft. Es war ein merkwürdiges Gefühl: Im nachhinein hatte ich eine Reihe neuer Landsleute erworben. Aus der Ersten Republik sind mir Ödön von Horváth, Elias Canetti und Karl Kraus besonders vertraut, aus der Nachkriegszeit Ingeborg Bachmann und Helmut Qualtinger.

Auch die Bilder der Geschichte wurden heimischer: Ich konnte mir vorstellen, neben Otto Bauer in einem Wiener Kino zu sitzen, wo er sich nach dem 12. Februar 1934 für ein paar Stunden versteckte. Ich erlebte innerlich die Stimmung bei der Fidelio-Premiere der 1955 wiedereröffneten Staatsoper nach und die emphatische Aufnahme der Ungarnflüchtlinge an der Andauer Brücke im November 1956. Gleichzeitig war ich als Österreicher besorgt über das Schicksal von anderen, heutigen Asylsuchenden und trauerte um meine getöteten österreichischen Landsleute, die Roma in Oberwart.

Plädoyer für eine Kleinstadt

Diese Kleinstadt konnte ich von Wien kommend mit dem Zug nur durch zweimaliges Umsteigen erreichen. Ich wurde zu einer Kulturkonferenz eingeladen und verbrachte dort auch die Nacht. Während der Tagungspause bin ich spazierengegangen.

Ich fand nichts Auffälliges. Woraus besteht eine österreichische Kleinstadt? Hauptstraße, Fußgängerzone, Delka, Meinl, Kirche, Bank für Arbeit und Wirtschaft, Obergymnasium, Café, Rathaus sowie Gedenktafeln der Berühmtheiten, die hier lebten, übernachteten, sich unsterblich verliebten, Sonaten komponierten oder Bücher schrieben.

Allerdings steht in dieser Kleinstadt mitten auf der Hauptstraße ein Geburtshaus. Der Mann, der in diesem Haus geboren wurde, strebte später im Namen eines anderen Volkes die Herrschaft über ganz Europa an. Ihm gehört, sozusagen, das Urheberrecht des Zweiten Weltkriegs. Unter seinen Millionen Opfern befanden sich die meisten meiner Familienangehörigen.

Kein Reiseführer erwähnt den Geburtsort, auch die Wände des Gebäudes verraten nichts von dem berühmt-berüchtigten Eingeborenen. Trotzdem ist das alte Haus auf der Hauptstraße unübersehbar, es zieht mich, ohne daß es mir vorher jemand gezeigt hätte, geradezu magnetisch an. Da ist es also. Wegen dieses Hauses kann man in der Stadt Kulturtagungen nicht ganz unbefangen abhalten.

Dabei ist die Tagung interessant, die Organisatoren, junge Leute, sind nett und hilfsbereit, die Kneipen gemütlich, und die späte Herbstsonne wärmt ebenso schmeichelnd wie in jeder beliebigen Ortschaft der Umgebung. Nein, die Stadt ist in Ordnung, sie kann nichts dafür, hat es nicht verdient, sich mehr als andere geographische Punkte der Welt schämen zu müssen.

Ein lokaler Journalist, der meine Biographie in den Unterlagen der Konferenz las, fragte mich angesichts des fatalen Rufes des Tagungsorts: »Wie fühlen Sie sich in unserer Stadt?«

Ich antwortete höflich und ehrlich zugleich: »Wie in Wien.«

Gesichtsanalyse

Ein Bekannter von mir – ein Ungar, der seit zehn Jahren in Österreich lebt – war immer schon etwas beunruhigt. Als er die Schlagzeile eines Wiener Journals las: »Immer größere Polenheere im Anmarsch auf unser Land«, sagte er mir: »Jetzt ist es mit der Wiener Gemütlichkeit passé.«

Das war Anfang der 90er Jahre, zu der Zeit, als der nationale Radikalismus in Österreich an Terrain zu gewinnen begann. Plötzlich hieß es, jeder fünfte Wähler habe seine Stimme für die Partei der Fremdenhasser abgegeben.

Es war jedoch nicht sehr lukrativ, sich öffentlich zu dieser Sorte Menschen zu bekennen.

Nun sagte mein Bekannter, er gehe auf den Straßen und beäuge jeden fünften erwachsenen Passanten argwöhnisch, dieser gehöre also auch zu den zwanzig Prozent.

Ich war da menschenfreundlicher. Während meiner Spaziergänge suchte ich die anderen achtzig Prozent, die anständigen, netten, europäischen Österreicher und hoffte immer, daß ihnen ihre humane Einstellung ins Gesicht geschrieben stünde.

Nach den Wahlen vom Mai 1998, als die »Ungarische Wahrheits- und Lebenspartei« mit 5,5 Prozent der Stimmen ins Budapester Parlament eingezogen war, schaute ich eine Zeitlang jeden einundzwanzigsten Menschen mit mißbilligendem Blick an.

Mölker Steigsteg

Ich mag den Mölker Steigsteg. Geht man hinauf, stößt man plötzlich auf einen kleinen Platz, von alten Wohnhäusern umgeben. Auf diesen paar hundert Quadratmetern hat man unweigerlich das Gefühl, im 19. Jahrhundert steckengeblieben zu sein. Nur der Lärm der Großstadt hinter den Häusern läßt spüren, daß wir hier und heute leben.

Was ist so faszinierend an dieser Zeitinsel, die ich dutzende Male meinen Wiener Besuchern gezeigt habe? Vor allem ihre Echtheit ist es. Weder Schönbrunn noch die Burg strahlen wirkliche Vergangenheit aus – dazu sind sie zu larmoyant und kulissenhaft. Der Fremdenverkehr macht einen fremd.

Der Mölker Steigsteg hingegen ist wie ein virtuelles Zuhause, eine zwischen Wänden und Fenstern eingeschlossene Sehnsucht nach verlorenen inneren Zeiten.

Familiensaga

Mein Großvater, Armin Berliner, ein jüdischer Kleinbeamter, mußte fast unmittelbar nach dem Attentat von Sarajewo als Ersatzreservist des 71. Infanterieregiments der k.u.k. Armee einrücken. Er wußte, daß die Einheit von Wien aus zur Front abkommandiert würde und plante einen Monat lang eine freudvolle Begegnung mit seiner jungen Frau, also meiner Großmutter. Ihre dramatische Korrespondenz aus den ersten Kriegswochen enthält alle möglichen Begegnungsorte vom Prater bis zum Ring. Die Begegnung blieb jedoch aus – für immer, da mein Großvater bereits am 11. September 1914 in Galizien in russische Gefangenschaft geraten war, aus der er nicht mehr zurückkam.

Vor seinem Abmarsch ging mein Großvater jeden Tag von der Kaserne sehnsuchtsvoll in die Wohnung einer Großtante an der Dampfschiffstraße, um etwaige Nachrichten von der Großmutter zu vernehmen. Wenn ich heute aus der Straßenbahnlinie 5 an der Friedensbrücke aussteige, gehe ich abergläubisch auf die andere Seite hinüber, damit ich den Unglücksweg meines Großvaters nicht wiederhole.

Der Bettler vom Schwedenplatz

Der Mann steht am Schwedenplatz zwischen zwei Bankfilialen und spielt Geige. Er spielt einen berühmten ungarischen Schlager aus der Vorkriegszeit, den, der mit den Worten beginnt: »Schön bist du, wunderschön bist du, Ungarn …«

Daß er ein Bosnier ist, lese ich von einem Stück Karton vor dem Geigenkasten ab, auf dem er dem Publikum die offensichtliche Tatsache mitteilt, daß er ein »Flüchtling« sei. Im Kasten liegt ein verwaister Zwanzigschillingschein.

Wer konnte dieser Mann um die Fünfzig in seiner Heimat gewesen sein, frage ich mich, Arbeiter, Bauer, oder – um Gottes Willen – Intellektueller? Hat er eine Familie, und wenn ja, ist sie in die ehemalige Kaiserstadt mitgekommen? Was macht seine Frau, was machen seine Kinder? Haben sie eine Aufenthaltserlaubnis? Sind sie politische Emigranten oder »nur« Wirtschaftsflüchtlinge?

Aber vor allem: Woher hat er sein Lied? Der Autor der süßen Schlagerschnulze war ein sentimental-patriotischer jüdischer Komponist, den man einige Jahre später aus dem »schönen, wunderschönen Ungarn« in einem Viehwaggon nach Deutschland abtransportierte, von wo er nie mehr zurückkehrte.

Aber natürlich, schrie ich fast auf, Emir Kusturica hat diesen Vorkriegsschlager in seinen hervorragenden Film »Der Papa ist auf Dienstreise« aufgenommen, in die Schlußszene. Natürlich gefällt mir meine Idee, der Bettler vom Schwedenplatz habe diesen Film in den verdammten, glücklichen kommunistischen Friedenszeiten in einem Kino in Sarajewo gesehen. Als es noch Kinos gab in Sarajewo.

»Schön bist du, wunderschön bist du, Ungarn ...« – Was wird aus diesem Bosnier, der in seinen kaputten Kleidern jeden Tag ein Konzert auf dem Hof des Hauses Europa gibt? Ich befürchte, daß kein europäischer Politiker etwas Verbindliches darüber zu sagen wüßte. Daß dieser gezwungen ist, seine Almosen durch Musizieren am Schwedenplatz zu verdienen, ist zweifelsohne die Schande des Kontinents. Eine noch größere Schande wäre es nur, wenn er hier nicht mehr ungestört betteln könnte.

BARBARA FRISCHMUTH

Erfahrungen, Erlebnisse, Erkenntnisse

Daß ich seinerzeit, im Jahre 1961, am Dolmetsch-Institut der Universität Graz damit begann, Ungarisch zu studieren, hatte wenig mit Ungarn als Land zu tun. Worum es mir ging, war der Sprach-Typus. Ich hatte zuvor bereits Türkisch studiert und war auf der Suche nach einer zweiten agglutinierenden Sprache. Da bot sich das Ungarische geradezu an. Zu Ungarn selbst hatte ich so gut wie keine Beziehung, nicht einmal die obligate ungarische Großmutter. Mit dem Interesse an der Sprache wuchs auch das Interesse an dem Land.

Nur war das damals gar nicht so einfach. Zu Pfingsten 1962 fuhr ich zum ersten Mal, zusammen mit unserem Lehrer, einigen seiner Familienmitglieder und drei weiteren Studenten nach Budapest. Es war eine sogenannte Gesellschaftsreise. Wir fuhren in einem Autobus, wurden zu verschiedenen Sehenswürdigkeiten und in vorbestellte Restaurants geführt, doch am meisten überraschte mich unser Fremdenführer, ein Student im gleichen Alter, der – und das gar nicht hinter vorgehaltener Hand – uns wissen ließ, daß er sich dafür schäme, 1956, als Fünfzehnjähriger, nicht schon für die Freiheit gekämpft zu haben. Meine Überraschung hatte mehrere Gründe. Erstens einmal war ich überrascht, weil er so offen gesprochen hatte, wo doch die heimische Propaganda uns glauben machen wollte, daß in Ungarn noch immer kein freies Wort möglich war. Zweitens war ich überrascht, daß jemand in unserem Alter sich diese auf allen Ebenen korrumpierte, westliche

Freiheit, womöglich noch in Allianz mit einem kapitalistischen Wirtschaftssystem, wünschen konnte. Und drittens war ich überrascht, daß in Ungarn überhaupt so etwas wie ein normales Leben stattfand und daß die in unseren Zeitungen so oft abgebildeten Schlangen vor den Geschäften gar nicht zu sehen waren. Das Essen war übrigens ausgesprochen reichlich und schmackhaft gewesen. Zwei der drei anderen Studenten und ich entstammten einem ziemlich linken Umfeld. Einer war Kommunist, einer Sozialist, während ich zwar keiner Partei angehörte, aber, angesichts der Verhältnisse in einem Land wie der Türkei, das Heil ebenfalls in einem revolutionären Sozialismus erkennen zu können glaubte.

Da das Ungarische nicht gerade leicht zu erlernen ist, beschloß ich, mindestens ein Jahr in Ungarn zu studieren, um rascher Fortschritte zu machen, was aber keinerlei Folgen hatte. Im Ministerium in Wien wollte man mir nicht einmal mein Gesuch um ein Stipendium unterschreiben, da es noch kein Kultur-Abkommen gab; so fühlte sich auch niemand zuständig. Und ohne Stipendium hätte ich mir ein Studium in Ungarn nicht leisten können.

Erst als der Rektor der Universität Debrecen, ein Slawist, einen Vortrag in Graz hielt, und der Chef des Dolmetsch-Instituts, ebenfalls ein Slawist, in einer langen Nacht ein gutes Wort für mich einlegte, geschah etwas. Und das ziemlich rasch. Ich hatte gerade das Diplom in Türkisch gemacht, und zwei Wochen später war ich bereits in Ungarn. Voraussetzung war, daß ich mich nicht auf Budapest kaprizierte, sondern nach Debrecen kam. Somit war ich die erste Studentin aus dem Westen (außer den Finnen, die ein Spezialabkommen mit den Ungarn hatten), die mit einem ungarischen Stipendium in Debrecen, wenn nicht überhaupt in Ungarn, studierte.

Und damit diese Aktion auch einen vorzeigbaren Erfolg hatte, sollte ich so schnell und so gut wie möglich ungarisch sprechen können. Ich wurde also im Studentenheim in einer Wohneinheit mit sieben Slawistinnen untergebracht, von denen keine auch nur ein Wort Deutsch konnte. An der ganzen Universität gab es überhaupt nur eine Assistentin, die befugt war, mit mir deutsch zu sprechen, und das auch nur, wenn ich Probleme hatte. Ich muß zugeben, daß sich die Methode, so drastisch sie war, als erfolgreich erwies. Ich hatte es ziemlich eilig mit meinem Ungarisch.

Das Studentenheim lag in einer idyllischen Gegend, im sogenannten Großen Wald. Es war ein Neubau, nicht weit vom Universitätsgebäude entfernt, und ich fand ihn damals sehr gelungen. Vor einigen Jahren war ich dann wieder in Debrecen und habe an meiner alten Universität gelesen, die inzwischen aufs eindrücklichste renoviert und revitalisiert worden ist. Das Studentenheim ist mir dabei eher einfallslos und mittlerweile auch schäbig erschienen. Damals aber fand ich es, beeinflußt von der heimischen Propaganda, bemerkenswert, daß es überhaupt so etwas wie dieses moderne Studentenheim gab. So ging es mir übrigens mit vielem anderen auch. Das hatte mit meinem Maßstab zu tun, der einerseits politisch geprägt und anderseits – gelinde gesagt – ein ziemlich romantischer war. Und wie die meisten Menschen sah ich lange nur, was ich sehen wollte. Ich fand es zum Beispiel unglaublich, daß die Mädchen im Studentenheim nach einer Rede von Kádár im kleinen Kreis und unaufgefordert klatschten, das war anno 1963, während mir das in Österreich zu dieser Zeit bei keinem Politiker auch nur im Traum eingefallen wäre. Als die Mädchen dann aber keine Lust zeigten, sich mit mir über Marxismus-Leninismus zu unterhalten, sondern lieber wissen wollten, was man in Österreich in diesem

Frühjahr trug, hielt ich das für ein Zeichen individueller Unabhängigkeit.

Da es in Debrecen viel mehr an Linguistik gab, als ich in Graz je kennengelernt hatte, hielt ich Debrecen für eine ausgesprochen fortschrittliche Universität. Allerdings muß ich auch noch aus heutiger Sicht konstatieren, daß es damals sowohl in der Finno-Ugristik (István Papp, Béla Kálmán), als auch in der ungarischen Literaturwissenschaft (Jánosus Barta), aber auch in der Volkskunde (Béla Gunda) hervorragende Lehrer gegeben hat, denen ich viel verdanke.

Natürlich gab es unter den Studenten auch unzufriedene und kritische, aber im Grunde hatten sie es alle geschafft, nämlich aufgenommen zu werden, wenn auch nicht immer in der Fachrichtung, für die sie sich ursprünglich interessiert hatten, aber sie hatten die schwerste aller Hürden genommen, nämlich überhaupt zum Studium zugelassen zu werden. Die Studenten in der Literaturwissenschaft und in den Sprachen waren wahrscheinlich diejenigen, die sich am meisten mit dem, was sie studierten, identifizierten. Daß aus den meisten von ihnen Lehrer werden sollten, war zwar bekannt, aber das war die Zukunft, und wir lebten jetzt und mit der Literatur.

Wenn ich heute an die Zeit in Debrecen zurückdenke, bin ich froh, daß ich sie erleben durfte. Es fand sich ein Assistent aus der Literaturwissenschaft, der es auf sich nahm, sich zweimal in der Woche hinzusetzen, um mit mir ungarische Lyrik zu studieren, freiwillig und unentgeltlich. Ich bin ihm heute noch dankbar dafür. Ohne diese »Nachhilfe« wäre ich gewiß nicht so rasch zu einem wirklichen Verständnis gekommen. Er weihte mich auch in die Methoden des damaligen Samisdat, der noch nicht so hieß, ein, nämlich wie man an die Manuskripte (meist hektographierte) ungarischer Dichter kommen konnte, die entweder vergriffen waren und einfach nicht wieder aufgelegt wurden, wie die Bücher von Sándor Weöres, oder die noch gar nicht im Druck erschienen waren.

Bald beschäftigte ich mich mit nichts anderem mehr als mit ungarischer Lyrik (erst später auch mit Prosa), und der nächste Schritt war der Versuch, die Autoren auch persönlich kennenzulernen, was mir in den Jahren darauf, als ich länger in Budapest war, auch gelungen ist.

In Debrecen hatte ich nicht nur Ungarisch studiert, sondern auch eine Menge anderer nützlicher Dinge, wie zum Beispiel Linguistik. Ich hatte auch gelernt, mich von den Ideologie-Ressorts, wie zum Beispiel Marxismus-Leninismus und Geschichte, fernzuhalten. Meine Erkenntnisse ließen sich an zwei Hauptpunkten festmachen, erstens, jeder Propaganda zu mißtrauen und viel mehr als bisher für Propaganda zu halten, und zweitens, Skepsis gegenüber allen radikalen Ideologien, vor allem jenen mit einem totalen Anspruch, zu bewahren. Ich lernte auch, mich vor Schwarzweiß-Wahrnehmungen zu hüten; doch was mich am meisten beeindruckte, war die Art von Zähigkeit und Zivil-Courage, die ich an einer Reihe von Schriftstellern und Wissenschaftlern beobachten konnte.

Ich war in einer Nachkriegsgesellschaft aufgewachsen, in der alles auf Wiederaufbau und Neuplanung ausgerichtet war. Der Fortschritt schien allgegenwärtig, es konnte und mußte alles noch besser werden. Und wer mit dieser Art von Dynamik nicht Schritt halten konnte, war von vornherein im Out. Alles schien erreichbar, das heißt, nur eine Sache der Anstrengung, des Willens und des Ehrgeizes zu sein. Und dann lernte ich in Ungarn Menschen kennen, Künstler, aber auch weniger exponierte Intellektuelle, die die meiste Energie dafür brauchten, um zu überdauern, sich am Leben zu halten, ihre Sache zu machen, ohne die Möglichkeit, sie in absehbarer Zeit in Anerkennung,

Erfolg, Geld oder was auch immer an öffentlicher Reaktion umzuwandeln. Denn daß damals in Ungarn vieles nicht möglich war, erkannte sogar ich, mit all meinen positiven Vorurteilen ziemlich rasch. Und ehe ich mich versah, befand ich mich in einer Art melancholischem Untergrund, in dem die Literatur Blüten trieb, wenn auch oft nur im verborgenen, bis sie vielleicht doch irgendwann erscheinen konnten, jedenfalls nicht gleich oder am Ende doch nicht. Das geistige Leben verlief sozusagen gedämpft. Nicht, daß akute Gefahr für Leib und Leben bestanden hätte, aber das meiste ging einfach nicht. Man mußte vorsichtig sein und durfte sich auch nichts vergeben, denn die Kollegen beobachteten einander genau. Es hatte sich eine ganz spezielle Art von Gemeinschaftsgewissen der »wirklichen« Schriftsteller entwickelt, eine Art Ehren-Kodex, der für alle verbindlich war, wenn sie als moralische Instanz, und das waren sie, weiterbestehen wollten.

Ich erinnere mich an zahllose Gespräche, bei denen ich mich fast zu Tode rauchte, und die auch in mir so etwas wie eine zweite Seele entstehen ließen. Ich wußte Dinge, die man bei uns gemeinhin nicht wußte, und als dann bei uns die Studenten unruhig zu werden begannen, und die 68er-Protagonisten Heldencharakter annahmen, war ich wesentlich gelassener, als ich es ohne meine Ungarn-Erfahrung gewesen wäre.

Wenn ich heute versuche, zu erklären, was das Besondere an den ungarischen Schriftstellern, der Aura, die sie umgab, und der Rolle, die sie spielten (natürlich meine ich nur bestimmte ungarische Schriftsteller), war, dann denke ich, daß sie Ikonen gleichkamen, die man in einem gefühlswarmen Dunkel verehrte und die man brauchte, um den zermürbenden sozialistischen Alltag mit einem Geheimnis aufzuladen, das in einem unalltäglichen Stil und der Sehnsucht nach gedanklicher Freizügigkeit begründet war. Wie sehr gerade die Dichter sich ihrem persönlichen Anspruch auf jene Art von höherer Freiheit verpflichtet fühlten, soll eine kleine Geschichte über Sándor Weöres, den großen Lyriker, zeigen. Während der fünfziger Jahre muß ein kommunistischer Funktionär lange mit ihm auf der Margareten-Insel spazierengegangen sein, um ihn dazu zu überreden, eine Stalin-Ode zu schreiben. Er tat es nicht. »Ich fühle mich als Renaissance-Dichter«, hat Sándor Weöres Jahre später einmal zu mir gesagt, »ich hätte ruhig so eine Ode schreiben können. Aber es hat mich nicht gefreut«. In dieser Anekdote kulminiert für mich all das an Haltung, was ich damals in Ungarn als gegensätzlich erfahren habe. Ich bin heute noch dankbar dafür.

(aus: *Europäische Rundschau* 2/1995)

DEZSŐ TANDORI

»Bon Artist Amigo«

Irgendwie verrückt, daß ich schon über Fünfzig war, als ich zum ersten Mal in Wien gewesen bin. Wir schrieben das Jahr 1989. Eine eigentümliche Wende in meinem Leben hatte den privaten Charakter meiner ganzen »europäischen« Beweglichkeit bestimmt. Obzwar ich mich mit Thoreau (»Walden«, »Über die Pflicht zum Ungehorsam gegenüber dem Staat« etc.) erst später zu beschäftigen begann, und das hat nicht einmal mit seinen Vogelstudien zu tun, entschied sich mein Schicksal 1977. Ich fand einige Vogeljungen, ein Sperling blieb schlußendlich am Leben, das war Szpéró – nicht vom Wort spero, sondern vom englischen sparrow –, und danach, als würde er dem Ruf von dessen Dasein folgen (jemand hatte von ihm gehört), kam Samu, dann ein Grünling, hernach Éliás, die blinde Pipi, die hinkende Alíz, dazwischen der Toni mit dem weggeschossenen Flügel: eine ganze Vogelklinik, aber nicht allein das, vielmehr etwas wesentlich anderes. Eine Beziehung, jenseits von Nationen und Menschen, aber doch zwischen Nationen und Menschen – und ich konnte nicht verreisen, DAAD-Einladung nach Berlin ... ich blieb zu Hause.

Auch heute habe ich Vögel. Rudy Bloom ist (so sind meine Reisen, das sind meine internationalen Beziehungen) ein über dreizehneinhalb Jahre alter Feldsperling, um den ich in Irland gleichermaßen zum Heiligen Patrick, dem Schutzheiligen der Vögel, betete und zu Leopold Bloom, der ein Söhnchen namens Rudy hatte, der mit einem Jahr verstarb. Von dieser Sperlingologie (und Mystik?) völlig unabhängig bzw. ebenso realistisch beschäftigte ich mich damit, Irland kennenzulernen, mit den Ereignissen des Bloomsdays und des Pferderennens, und machte die Bekanntschaft von Iren. Das liegt bereits fünf Jahre zurück, und Rudy lebt. Unser anderer Sperling ist eineinhalb Jahre alt, Szpérós »Nachfolger« (theoretisch). So wird mein Leben vergehen.

Und das hatte alles entschieden. Wien habe ich immer viel zu verdanken, sehr viel, Wien ist für mich meine beiläufige Stadt, die zugleich die Haupt-»Stadt« ist, eine Grenzfestung; Wien gibt mir das zurück, obwohl ich nicht danach gestrebt habe, nie »praktisch« war, gibt mir das zurück, was die ungarischen Grenzfestungen einst vielleicht Österreich gegeben haben. Wer weiß. Doch in Wien kaufte ich mir wieder etwa zehn Bände von meiner Lieblingsreihe, den rororo-Bildmonographien, die ich seit 1959 »sammle«, darunter endlich einen Pascal und einen Thoreau. Diese Werke wiesen stehenden Fußes in der Einleitung darauf hin, was ich denn für einer sei, inwieweit ich wenigstens in die Fußstapfen, in den Schatten dieser Alten trete. Pascal unterscheidet im wesentlichen mathematische und feinsinnige Menschen (Mathematiker und Feinsinnige*) und sieht zwei grundlegende Übertreibungen: »Ausschluß der Vernunft. – Nur die Vernunft gelten lassen.«* Aber das ist noch gar nichts. »Die außerordentliche Schnelligkeit, mit der er sich zu entscheiden pflegte …«* Und daß er, scheinbar, sogar seine Einsichten abbrach, wenn er das Problem durchschaute, das reichte ihm meistens schon (vielleicht hat er nur die Fragen hinsichtlich des Christentums wirklich ausgearbeitet), schon wandte er sich anderem zu. Na gut, jene Zeit war noch die vorstellbare des Polyhistortums. Solche »Landstraßenfahrradsprinter«-Typen, wie ich vielleicht auch einer bin, die während der Verrichtung spezieller Aufgaben (ich persönlich: der Übersetzung von Büchern) 239,7 km radeln, und dann auf einer Strecke von 0,3 km die gegebene Etappe der Tour de France, der Vuelta für sich entscheiden, sind noch nicht ausgeprägt, das heißt sie können nach den massiven Leistungen auch noch ein wenig glänzen. Rilkes Ausspruch aber (ich habe viel von ihm übersetzt) ist grundlegend für mich: »sie wollen blühn – und blühn ist schön zu sein, doch wir wollen reifen, und das heißt dunkel sein und sich bemühn.«* Über Thoreau aber las ich – ebenfalls in einem der jetzt in Wien erworbenen Bücher – folgendes: »Wie kaum ein anderer Schriftsteller ist Henry David Thoreau von Lesern und Kritikern mißverstanden worden, weil man ihn nicht durch all seine Wandlungen hindurch verfolgt, sondern diesen oder jenen Aspekt aus seinem Werk oder der Lebensgeschichte herausgerissen, isoliert und verabsolutiert hatte.«* So wie über Thoreau hat man das auch – obwohl ich weit von ihm entfernt bin! – über meine Wenigkeit gesagt: Man müßte alles von mir lesen … was alles, was ich allein an österreichischer Literatur übersetzt habe, wen und was? Aber nun zu Thoreau: »Das Leben mancher Menschen ist nichts anderes als ein einziges Streben, ein Verlangen nach einer höheren Existenzstufe, und solche Menschen werden nur dann nicht völlig mißverstanden, wenn man sich mit allen ihren Wandlungen befaßt und sie durch alle ihre Metamorphosen hindurch verfolgt.«*

Ein schrecklicher Maximalismus, heutzutage unzumutbar. Obwohl man nur in einer Reihe von Novellen erzählen könnte, was Wien mir gegeben hat. Zuletzt diese Bücher. Zugleich: verfestigte sich in mir diese … was eigentlich? … Eigenschaft, dieses Bewußtsein, dieses Gespür, diese Substanz, diese Evidenz, daß ich wieder »im heimischen Rhythmus meines Lebens verharre«. Ein Thoreau-Extrem? Eine Qual auch nur daran zu denken: sich in ein Taxi setzen, mit dem Zug irgendwohin fahren, fliegen, sich auf ein Podium stellen. Kaum zu glauben, daß ich in Frankfurt – vor allem, da ich 1997 alles Erdenkliche in bezug auf Bücher getan habe – dieses Jahr anwesend sein würde. So habe ich mich wieder für eine Weile geschlossen. Doch – Klee benutzte noch solche Wörter, auch Benn – der Geist: er ist unangetastet aktiv in mir und mit mir, er »reist«.

Wien habe ich viele Anregungen (Ausgangspunkte) zu verdanken. Anfangs leistete ich Widerstand: ich war nur schwer dazu zu überreden, selbst in der Alten Schmiede zu lesen. Später geschah es, aber es hatte nicht so sehr den Charakter einer Lesung, als vielmehr den einer Semi-Performance. Und ich habe Freunde in Graz, Salzburg, Linz, Mürzzuschlag, ich erhielt den Segen vieler Evidenzen: in Form von Fotos, Büchern, Begegnungen. Weiteren Reisen. Die Operation »Odysseia« gab diesem Beitrag den Titel. Mein Reiseziel war Tunis, als Gelegenheits-Odysseus, und was hätte ich dort schon am zweiten Tag anderes tun können? Ich setzte mich hin, begann zu zeichnen. Ich, der Amateur. Klee, der professionelle Maler sagte in Tunis: die Farbe hat mich*, doch ich zeichnete nur mit Schwarz, ich wiederhole, als Amateur, wie auch bis zum heutigen Tag, nur daß auch mich schon »die Farbe hat«*, und als einige Araber, vielleicht Studenten, an mir vorbeigingen, sagte einer: »Bon Artist Amigo«. Die Ausstellungen meiner Zeichnungen, die meine Performance-Vorstellungen begleiteten, vielmehr, einmal auch meine »gesammelten Werke« als Buchausstellung in der Alten Schmiede, mein Ausstellungsabend (das Auspacken der gemeinsam mit Dezső Korniss, meinem großen Meister, angefertigten Arbeiten, während wir erzählten) im Ungarischen Kulturinstitut zu Wien (Collegium Hungaricum), doch auch die Egon Schiele Ausstellung, 1989, die ich danach in München, hinterher auch in Wuppertal sah ... Marathonläufe, Straßenkonzerte, die Pferderennen (Krieau), die mein Leben zu beherrschen begannen, ja, Wien nahm die Rennbahn in die Palette seiner kulturellen Angebote auf ... das alles ist, ich brauche den Satz gar nicht zu beenden, Wien.

Ich wohne für gewöhnlich in der Nähe der Strudlhofstiege, ich habe Doderers Werk übersetzt und »Der Mann ohne Eigenschaften« (meine Übersetzung aus den Jahren 1971–1973) in einer der Gassen im 3. Bezirk führt mich durch seine Erinnerung immer zu Musils Gedenktafel.

Doch nicht nur die Vergangenheit ... Natürlich, das Leben der Strudl-Helden geistert immer dort herum. Die Männer und die Frauen. Die vielen Beiseln. Ich selbst wurde süchtig danach, an solchen Orten zu speisen wie Melzer. Mit meinem Essay »Melzers Neffe« stellte ich mich vor etlichen Jahren einer bestimmten Schicht des österreichischen geistigen Lebens vor. Ausgangspunkte: die Argentinierstraße ... also Oswald Egger & Co ... auf nach Lana. Die Freundschaft mit Lukas Cejpek. Und selbst wenn ich lange nichts mehr von ihm gehört habe, mit Walter Grond. Auch Kurt Neumann. Aus Linz »Christian«. Ludwig aus Salzburg. Daniela Strigl, Mürzzuschlag und Wien. Ich konnte bei der »Literatur im März« vor zwei Jahren (Messepalast) auftreten. Ich konnte hier ausstellen, obwohl ich erst einige Jahre vorher zu zeichnen begann, nach Tunis, die Ulrichskirche. Die Ereignisse überschlugen sich.

Kafka, Rilke, Trakl übersetzen jetzt andere ins Ungarische; sollen sie. Mir bleiben auch so noch viele schöne Aufgaben, obwohl die österreichischen Arbeiten weniger wurden. Es wäre schön, Doderer fortzusetzen. Mir ist insofern schwer zu helfen, als ich wegen meinen Vögeln nicht einmal mehr für ein Wochenstipendium irgendwohin fahre. Auch wegen meinem heimischen, kraftvollen Lebensrhythmus (= Arbeitsrhythmus) nicht. Ich bin schon alt, habe die 60 schon überschritten, ich bin unbedingt schon zu alt dafür, um in einer »für mich nicht organischen« Umgebung leben zu können. Meine Bücher, die Straßen von Budapest – brauche ich mehr als alles andere. Wenn eine einzige Stadt die Welt überdauert – sei das Taxi, der Zug etc., auch das Flugzeug, noch so schrecklich –, sage ich, wird Wien diese Stadt sein.

Wie könnte ich noch um etwas bitten? Vielleicht ergibt sich durch etwas Glück und Wohlwollen eine Zusammenarbeit. Ich kann daheim übersetzen, aber ein wenig persönlich gesponsert. Oder was weiß ich. Dermaßen kann auch ich praktisch sein, selbst wenn ich »Melzers Neffe« bin.

Die Geständnisse vergißt der Leser schneller als die durchschlagenden, »abgerundeten« Werke. Deshalb ist es nicht unschicklich, erneut zu erzählen, was ich alles aus dem Deutschen ins Ungarische übersetzt habe. Jetzt mal abgesehen davon, daß ich in einigen der wenigen von mir auf deutsch erschienenen Büchern auch die Texte zu meinen Bildgedichten auf deutsch abfaßte, auf deutsch verfasse ich Bildgedichte. Na gut. Aber die Reihe der Namen ist unvollständig: Goethe (»Wilhelm Meister«, Gedichte, Dramen), Heine (Gedichte), Schopenhauer (»Die Welt als ...«), die Gebrüder Schlegel, C. F. Meyer, Storm, Fontane; Trakl, Rilke, Kafka (von ihnen viel), die Expressionisten, das Bauhaus, Klee, Thomas Mann, Werfel, Musil, Karl Kraus, Doderer; Thomas Bernhard, Handke, Jonke, Bauer, Cejpek, viele, so viele Dichter, Novellisten, Peter von Tramin ... Wieder werfe ich meinen Kieselstein in das Wasser des zukünftigen Vergessens. Doch der ungarische Dichter Pilinszky sagte: »[E]r findet unter den Kieselsteinen immer einen, der [...] ihm gehört [...] und niemals wäre er der eines anderen.« Das Kind, das am Meeresufer entlanggeht.

Ein schlechter Vergleich. Weder bin ich ein Kind, noch hat Österreich, hat Ungarn mehr ein Meer. Hat denn Ungarn ein Österreich? Mit seiner Kultur. Und das ist umgekehrt ebenso wahr. Warum überlassen wir derartige Feststellungen immer den (Kultur)Politikern?

Warum schrieb ich all das eigentlich? Die einsamen Düfte von Lana, die wunderbaren Treffen dort in der Hitze der Abendkühle, Meran, wo ich mich vor dem Andenken der ungarischen Königin auf die Knie warf, Gertrudis, die Meranerin war und starb ... Witz, Ernst ... das Sich-Fotografieren-Lassen dort und anderswo ... die Ausstellungen ... zuweilen ein Empfang in der Alten Schmiede, die Herzlichkeit meiner Übersetzer und die bereits erwähnten und noch nicht erwähnten Personen und Orte ...

Ich hoffe, ich bin ein »Bon Amigo« für Österreich.

Ich werde ein wenig müde in Sachen Reisen, in puncto.

Langsam bleibt mir nur, daß das Evidente, meine wichtige Distanz, nicht zwischen zwei Punkten liegt, sondern zwischen einem Punkt. Credo quia absurdum est. »Punkt eine Weite.«* Ich bewege mich schwer.

In Wien gehe ich entlang meiner eigenen Spuren. Wien ist, viele meiner Gedichte, Prosaschriften zeigen es, ein Teil meines Lebens, *auch* mein Leben. Strudlhof, Am Hof, Josefstadt ... ich will sie nicht weiter aufzählen.

Was bringt die Zukunft? Was würde ich von der Zukunft wollen? Ich weiß es nicht. Als Übersetzer war ich immer im positiven Sinne bewandert (weil ich kein Essayist, kein Literaturagent, kein Vermittler bin, sondern ein im Werden begriffener Schriftsteller), und heutzutage ist es eine besonders große Freude, daß ich, während ich einige frische Werke der deutschsprachigen Literatur und der englischsprachigen Romanliteratur übersetzte, herausfand, warum einige begeisterte, liebe Freundinnen-Freunde gerade auf jenes Buch aufmerksam wurden, das ein Verwandter dieses literarischen »Charakters« ist, und diesen ein klein wenig weiterentwickelt (dann sollen Ingrid Noll und Ian McEwan etc. die Sache weiterentwikkeln). In des Lebens Kreislauf sein: eine Phrase. Nur in der Josefstadt herumstreunen: auch das ist zu wenig.

Dazwischen …

Ich hoffe, der Übersetzer erlischt nie in mir (Arbeit habe ich zur Zeit genug), und ich kann mich »Österreich« (durch andere, meine Übersetzer) auch ein wenig näher »bringen«. Als Bon Amigo Tandori.

20.–22. Februar 1999

* Anm. d. Übers.: Deutsch im Original

(Aus dem Ungarischen von Edit Baranyai und Christine Rácz)

ISTVÁN EÖRSI

Jandl, der Held

Ernst Jandl verbrachte Ende der siebziger oder Anfang der achtziger Jahre auf Einladung des ungarischen P.E.N.-Clubs ein paar Tage in Budapest. Eine Auswahl seiner Gedichte erschien 1979 in meiner Übersetzung unter dem Titel »das fanatische orchester«, weshalb mich zuständige Personen baten, meinen österreichischen Kollegen herumzuführen und ihm als Chauffeur und Konversationspartner zur Verfügung zu stehen. Ich freute mich sehr darüber, zum einen, weil ich seine Dichtung für überwältigend hielt, zum anderen, weil ich auch seine Person liebgewonnen hatte, schon früher. Insbesondere fesselte mich der Gegensatz zwischen seinem dichterischen und seinem alltäglichen Wesen. Jandl erschien damals im gewöhnlichen Umgang als ein schüchterner, um die gesellschaftlichen Formen sorgsam beflissener Kleinbürger oder Beamter mittleren Ranges. Wenn er jedoch seine Gedichte las, vor welchem Publikum auch immer, flog er von seinem Stuhl empor, drehte, mit dem Rücken den Plafond streifend, ein paar Ehrenrunden um den Luster, plumpste dann auf den Tisch nieder und schwirrte sogleich im Zickzack herum, während seine Stimme, sein Gesicht, sein ganzer Körper mit artistischer Bravour ihre Sache verrichteten. Die Gedichte hingegen ächzten, schrillten, tönten und musizierten, erfrischend unbekümmerte Verspieltheit mit tragischem Humor vermischend. Staunend sah ich zu, wie er sich nach einem solchen Auftritt wieder in einen sorgenvollen Buchhalter zurückverwandelte.

Mit einem Wort: Ich hatte schon früher einige Jandl-Erlebnisse und freute mich deshalb, ihn näher kennenzulernen. Ich mußte ihn von irgendwoher, ich weiß nicht mehr woher, ins Hotel Royal chauffieren. Nach ein paar Fahrtminuten gelang es mir in der Akácfa-Straße, ein ohne Fahrer herumstehendes Taxi längs zu schrammen, genauer: Mein Trabant rieb sich auf der rechten Seite, wo Jandl saß, an dem Taxi wund. Der Dichter sprang aus dem Wagen und schlug mit etwas erregter Stimme vor, daß ich das Autofahren bleiben lassen möge und wir mit einem anderen Taxi weiterfahren sollten. Auch ich stieg aus und erklärte ihm, daß ich diese sanfte Kollision ausschließlich deshalb herbeigeführt hätte, weil er als österreichischer Staatsbürger gewiß noch nie das »Neue Deutschland« gelesen hätte, der Trabant aber aus gepreßtem Papier gemacht sei und er nun bei etwas Glück die Chance hätte, die Parteizeitung zu lesen, in Ausgaben aus der Mitte der sechziger Jahre. Dann betrachteten wir die Schramme, doch hatten leider kein Glück. Jedoch erreichten wir das Hotel ohne weitere Zusammenstöße.

Dies geschah am Tag unseres ersten Zusammentreffens. Ich komme nun zum Tag des Abschieds und damit zum Kern dessen, was ich sagen will. Dazwischen trafen wir uns mehrmals, traten auch gemeinsam auf, und ich erkannte, daß sich hinter dem spießbürgerlichen Äußeren ein emotionaler, abenteuerlustiger Geist verbirgt, ein in seinen Urteilen oft extremes, vom Gastronomischen her schwelgerisches und von jedem Gesichtspunkt her maßloses und neugieriges Wesen, das sich vielleicht nur aus Selbstschutz die Maske des »Comme il faut«-Menschen überstülpt.

Am Tag des Abschieds trug ich in meiner Tasche das Manuskript meines Stückes »Das Verhör« herum. Ich hatte es 1965 geschrieben und gewann in anderthalb Jahrzehnten die Überzeugung, daß ich auf eine Premiere in Ungarn keine Chance hatte. 1976 hatte ich es einmal über Jugoslawien außer Landes gebracht, doch dieses Exemplar ging verloren. Ich entschloß mich also dazu, es noch einmal zu wagen. Ich bestieg mit meinen verbotenen Manuskripten einen Zug, doch im Grenzbahnhof Hegyeshalom fischte sie eine Frau Wachtmeister mit unüberbietbarer Treffsicherheit aus meinem Koffer. »Ich bin Schriftsteller«, gab ich zur Erklärung, und um Sympathie zu schinden. »Das wissen wir, Herr Eörsi«, antwortete die Frau Wachtmeister, und ich spürte, hier ist mein Platz, das ist meine Heimat. Wo wäre sonst noch ein Land vorstellbar, wo eine jede Frau Wachtmeister weiß, daß ich Schriftsteller bin? Diese Anekdote erzählte ich Jandl im Restaurant des Royal und fragte ihn daraufhin, ob er das Stück nicht mit rausnehmen würde. Jandl erbleichte, dann sagte er, ich solle es ihm geben, wenn ich es bei mir hätte. Ich antwortete, daß ich es ihm nicht hier geben könnte, da man uns wahrscheinlich beobachtete.

Damals hatte ich schon eine Reihe von dissidentischen Unterschriften-Aktionen hinter mir und merkte andauernd, daß sich die zuständigen Organe für mich interessierten. Ich gab Jandl also zu verstehen, daß ich ihm das Manuskript nur in seinem Zimmer überreichen konnte, worauf er noch bleicher wurde. Im Lift bat ich ihn, die Transaktion stumm durchzuführen, weil in seinem Zimmer wahrscheinlich Abhörgeräte funktionieren würden. Er sah mich entsetzt an und fragte, ob ich im Ernst spräche.

Wieder im Lift, während der Fahrt hinunter, sagte ich zu ihm, daß wir, falls ihn die Aufgabe nervös machte oder er Unannehmlichkeiten befürchtete, in Gottes Namen die Sache bleiben lassen sollten. Er antwortete, ich solle mir keine Sorgen machen, sein Gepäck würde wahrscheinlich nicht durchsucht werden, da er vom P.E.N.-Club eingeladen war. Ich sah, daß er sich schrecklich fürchtete, und empfand ungeheuren Respekt für ihn. Denn wenn jemand ohne jede Angst ein Risiko eingeht, dann ist daran nichts Besonderes; doch wenn jemand dermaßen Angst hat und trotzdem hilft, dann ist er ein Held zu nennen.

Als ich bei der nächsten Gelegenheit nach Deutschland reiste, erwartete mich bereits das ungarische Manuskript des »Verhörs«, dank Ernst Jandl. Bis zum heutigen Tag bin ich ihm dankbar dafür.

(Aus dem Ungarischen von Gregor Mayer)

István Eörsi
Johnny Weissmüller

Johnny Weissmüller
lenyelt egy picike magnót
fehérfalú szobában.
Amikor temettük
hasában felzendült a
Lohengrin-nászinduló.
Földet dobáltunk rá
s töméntelen virágot
amíg a zene szivárgott.
(1983)

Johnny Weissmüller

johnny weissmüller
verschluckte im zimmer
mit den kalkweißen wänden
ein winziges magnetofon
als wir ihn begruben
sickerte aus seinem bauch
der hochzeitsmarsch aus lohengrin
und wir warfen erde auf ihn
solang die musik dauerte
und einen ganzen haufen blumen

(Übersetzung: Ernst Jandl)

Ernst Jandl

16 jahr

thechdthen jahr
thüdothdbahnhof
thechdthen jahr
wath tholl
wath tholl
der machen
thüdothdbahnhof
thechdthen jahr
wath tholl
wath tholl
der bursch
wath tholl
der machen
wath tholl
wath tholl
der machen
thechdthen jahr
thüdothdbahnhof
wath tholl
der machen
der bursch
mit theine
thechdthen jahr
(1957)

16 év

tszenchat év
déli pu
mitszinájjon
mitszinájjon
a fiju
déli pu
tszenchat év
mitszinájjon
mitszinájjon
a fiju
mitszinájjon
tszakugyan
mitszinájjon
a fiju
tszenchat év
déli pu
mitszinájjon
tszakugyan
a fiju
nintsz neki tszak
tszenchat év

(Übersetzung: István Eörsi)

JULIANNA WERNITZER

Begegnungen der Literatur

Der folgende literarische Beitrag ist ein »Kettentext« ungarischer und österreichischer Autoren und Autorinnen – eine Prosakette, die zu einer einzigen Erzählung wurde: Begegnungen im Narrenturm.

Der Text war ein Versuch, über Grenzen hinweg etwas Gemeinsames zu schaffen, eine Spielerei mit der Fiktion, mit Personen, Gegenständen, Orten und der Zeit, ein Spiel, an dem die Autoren lustvoll Anteil nahmen. Den Auftakt machte László Márton mit seiner Inspiration, die er an Antonio Fian adressierte. Fian kam beim Weiterschreiben der Gedanke an einen Text von László Garaczi, den er in einer österreichischen Zeitschrift gelesen und an dem er Gefallen gefunden hatte. Garaczi wiederum ist mit Kathrin Röggla gut befreundet, womit sich das nächste Glied der Kette ergab, die dann von Terézia Mora und Andreas Jungwirth weitergeschmiedet wurde. Den Abschluß bildete Lajos Parti Nagy, der die Geschichte an Robert Musil weiterschicken und diese österreichisch-ungarische Textkette somit auch historisch ausdehnen wollte. Diesen Wunsch konnte ich als Redakteurin ihm leider nicht erfüllen und so endet unsere Erzählung letztendlich doch in der Gegenwart.

LÁSZLÓ MÁRTON, ANTONIO FIAN,
LÁSZLÓ GARACZI, KATHRIN RÖGGLA,
TERÉZIA MORA, ANDREAS JUNGWIRTH,
LAJOS PARTI NAGY

Begegnungen im Narrenturm

Ein Held kommt in Wien an. Präziser formuliert: ein Romanheld. Ein ungarischer Romanheld. Aber in Wien, das ist ganz gewiß. Was die Zeit betrifft, sind wir nicht so sicher. Man könnte sagen, am Ende eines vergangenen Jahrhunderts – hinzugerechnet, daß auch das zwanzigste schon ein vergangenes Jahrhundert ist. Den Namen verraten wir vorläufig nicht, auch die Charakterzüge sollen später dargestellt werden, wenn überhaupt. Vorerst nur soviel: Er ist ein dynamischer, junger Mann mit lebhaften Augen ... Aber nein! Das führt uns nicht weiter. Sagen wir ohne Umstände gleich die Wahrheit: Er weist eine verblüffende Ähnlichkeit mit dem gegenwärtigen ungarischen Ministerpräsidenten auf. (Aber das wäre nur in Budapest auffallend. In Wien ist es für so gut wie niemanden von Bedeutung. Vielleicht soll er deshalb in Wien ankommen. Oder?)

Es ist ein schöner Vorfrühlingstag. Im Prater leuchtet die Rasenfläche wie auf den schönsten Gemälden des halbgöttlichen Waldmüllers. Es ist erst halb zehn. Unser Held steigt beim Allgemeinen Krankenhaus aus der Straßenbahn aus. Ob er etwa krank ist? Keineswegs! (Präziser formuliert: beileibe nicht!) Er will den sogenannten Narrenturm des Krankenhauses besuchen, wo das Anatomisch-Pathologische Museum sein Domizil hat. In der

Löffelsammlung dieses Museums befindet sich ein zierlicher Teelöffel, 1910 von einem gewissen Johann Hawelka verschluckt und dann (nicht von ihm, sondern von Experten der Chirurgie) operativ entfernt. Die meisten Männer haben geliebte Frauen, Hawelka aber hatte geliebte Löffel im Leben.

Was wird unser Held mit diesem Löffel, mit dem dritten in Hawelkas Leben, anfangen?

(László Márton)

Man wird sehen. Zuerst muß er ihn entwenden. Mit einem Vorschlaghammer, den ihm László Márton zugesteckt haben dürfte, schlägt er die Glasscheibe der Vitrine ein, greift sich den Löffel und flüchtet. Sofort ist das halbe Allgemeine Krankenhaus hinter ihm her, Oberschwestern und Hilfspfleger, Anästhesistin und Floristin, aber er entkommt, zwangsläufig, als Held, und ab mit ihm, nach einer spannenden Verfolgungsjagd, in die Ungargasse, da kommt niemand hin, da kann er verschnaufen. Stille, dann wird ein Fenster geöffnet im Haus Ungargasse 6, das Gesicht einer Frau wird sichtbar, »Ivan!« ruft sie erschrokken, aber er fühlt sich nicht angesprochen. Ivan heißt er also nicht. Das Fenster wird geschlossen, endlich Zeit, ihn anzusehen. Daß er aussähe wie der gegenwärtige ungarische Ministerpräsident, ist gelogen. Wie auch? Wer, außer dem gegenwärtigen ungarischen Ministerpräsidenten, der aussähe wie der gegenwärtige ungarische Ministerpräsident, würde nicht sofort eine Gesichtsoperation vornehmen lassen? Das aber kann der Grund für sein Hiersein nicht sein, er hätte sonst einen Spezialisten für plastische Chirurgie aufgesucht und nicht im Narrenturm den dritten Löffel des Hawelka entwendet. Was will er überhaupt mit diesem Löffel, dieser – ja, wie nun? Die lebhaften Augen erinnern an Paul Henreid, mag er also László heißen, wie Márton, nur umgekehrt, Viktor László, ja, das ist gut, das bringt Einschaltziffern. Vielleicht gelingt es mir auch, Ingrid Bergman die Ungargasse vom Rennweg her herunterkommen und in seine Arme sinken zu lassen, warten Sie … Nein, nichts, offenbar will sie nicht. So sind die Frauen, immer zieren sie sich, und für lange Verhandlungen ist keine Zeit. Alles geht ja so rasch, sehen Sie nur, wie Viktor jetzt traurig an der Hauswand lehnt und seinen Löffel betrachtet. Nein, hier geht es nicht um eine Frau, das ist eine größere Trauer, hier fehlt Heimat. Was, denkt Viktor, tue ich hier, in dieser fremdesten aller Städte, wenn auch in der Ungargasse, mit einem leeren Löffel? Ach, könnte er ihn wenigstens in Heimatliches tauchen, mit ihm einen Bissen Heimat zu sich nehmen! Helfen Sie ihm Garaczi, ich kann nicht, die Seite ist zu Ende, aber es sollte kein Problem sein, in Wien um die Mittagszeit eine Esterházyschnitte aufzutreiben oder Somloer Nockerln oder wenigstens ein Gulyás.

(Antonio Fian)

Anstatt zu essen, versucht er lieber, seine Gedanken, die sich wie Haferflocken zerstreuen, zu sammeln. Kann man einen Löffel essen, der schon einmal gegessen wurde? Und wenn man es kann, soll man es wirklich tun? Wäre das die Aufgabe? Bin ich denn normal? Zum Grübeln bleibt ihm nicht viel Zeit, denn die Frau lehnt sich erneut aus dem Fenster und ruft: Felix, Felix. Unser Held ergreift die Flucht.

Man sollte realistisch sein, hört er seine innere Stimme, als er beim Prater keuchend das Tempo reduziert: Ein Löffel ist nicht zum Essen, ebenso wie auch ein Löffel keinen Hunger hat, noch kochen oder singen kann.

Er nähert sich der Stelle, wo soeben die Straftat begangen wurde. In den Bäumen zwitschern die Vögel, die

Sonne scheint hemmungslos, am westlichen Horizont sinnen schiefe Wolken ihrem Schicksal nach. Alles stimmt, alles ist das, was es ist, stellt er fest, hinter den Dingen hängt kein Zipfel ihres Nichtseins hervor. Das Gras ist Gras, das Blau blau, der Sommer Sommer. In der Natur gibt es, sei das noch so ärgerlich und zum Ficken, weder Philosophie noch Ironie noch Zweifel. Auf dem Kieselstein stützt sich ein Opa als schwermütiger, verlassener Teil des Parks schnaufend auf seinen Stab, gleichsam als Illustration der These, wonach die Natur oberflächlich, tölpelhaft, gemein, launisch, verlassen, einfallslos und kitschig sei. Eine leere Schrulle ist die Natur, ein schmerzhafter Schluckauf. Von links stürzt ein lilafarbener Drachenflieger schreiend in den Donaukanal.

Unser Held (Viktor Orbán?) tritt durch die Tür des Krankenhauses und sagt zum Portier: Ich halte es nicht mehr aus, ich habe euch euren Löffel zurückgebracht.

(László Garaczi)

jetzt aber mal'n punkt, mein lieber garaczi, ja, wir sind hier nämlich in 'ner fernsehserie, und die holt bekanntlich das schärfste aus uns allen raus. also keine rückgaben, keine reue, keine wiederversöhnung mit einem krankenhauspersonal, das wie immer haargenau dem bild von publizistikstudenten entspricht, nein, eher die verlagerung des geschehens auf die nächste ebene. um beim telegrammstil zu bleiben: mühsames ausgraben sparsamer bilder. elegische beleuchtung des alten akh-hofes. jemand führt befragungen durch für ein marktforschungsinstitut.

regine!

– ja, regine, altes haus, was machst du denn hier? – ich führe eine befragung durch für ein marktforschungsinstitut. – befragung für ein marktforschungsinstitut? ach was! und sonst? – naja, adressenakquise, einladungen von repräsentativen gruppen – und sonst? – das studium geht halt langsam voran wegen der arbeit. – und sonst? – wie? – na, hast du jetzt etwa nicht gerade den viktor getroffen. – wer is'n das? – da steht er doch. da drüben am tresen.

– ach der, der heißt doch nicht viktor! – trotzdem: und wie war das so? – was? – das aufeinandertreffen. – naja, ich hab' ihn befragen wollen. – und? – keine antworten. – wie, und das läßt du auf dir sitzen? – naja, das habe ich dann doch gleich gemerkt: solche menschen stört man nicht, der hat 'ne dunkle vergangenheit. da fragt man besser nicht nach. du weißt schon, die sache mit dem ...

– regine, verrate uns doch mal eins. – ja? – du kommst doch aus norddeutschland? – ja. – das ist schlecht. – wieso? – na, du weißt schon, das hier ist eine österreichisch-ungarische veranstaltung ... – aber ich war schon mal in ungarn! am balaton! in den achtzigern. und ich führe hier eine befragung durch zur akzeptanz von ... – tut mir leid, mit den stereotypen sind wir schon durch. außerdem könntest du dich ein bißchen mehr ins zeug legen, zumindest was deinen akzent angeht. kein wunder, daß du bei befragungen keinen erfolg hast. niemand wird dir hier antworten geben, ganz wien hält ja dicht vor einer, die aus norddeutschland kommt. aber wir geben dir noch eine chance: du mußt den viktor wieder ins geschehen holen.

– ja? und wie mache ich das?

– denk dir was aus! nur bloß keine liebesgeschichten hier! die sind nämlich auch schon durch.

– glaubst du im ernst, das wäre das einzige, was mir einfällt?

– na, dann mal los!

(Kathrin Röggla)

Keine Liebe? Nein, keine Liebe. Viktor (ob László oder Orbán) ist kein Sieger, was das anbelangt. Dabei weiß er (Viktor L.) um den Auftrag, der ihm (durch Viktor O.) erteilt worden war. Ungarische Männer! Schnappt euch eine Frau und produziert das Ideal! Familien mit je drei Kindern! So wie Ich! (Viktor O.!) Liebe? Nein, keine Liebe. (Nicht zu Viktor O.)

Aber: leider auch nicht zu Viktor L. Denn dafür befindet sich Viktor L. in der falschen Stadt. (Gibt es eine richtige Stadt für einen ungarischen Heldenmann?) Die stereotype Formel für Liebe heißt: ungarische Frau, österreichischer (wahlweise [nord]deutscher) Mann. Niemals umgekehrt!

Ist es ein Wunder, daß sich Viktor L. unter solchen Umständen verfolgt fühlt? *Die meisten Männer haben geliebte Frauen*, Viktor aber rufen die Frauen nur aus Fenstern zu, nennen ihn einen Russen oder einen Glücklichen, oder befragen ihn zur Akzeptanz von … Wovon eigentlich? Viktor L.s (Nord)Deutsch reicht nur so weit, »Steptanz« statt »Akzeptanz« zu verstehen. So ein Pech. Schon wieder verlangt einer was von ihm, was er nicht kann: Steptanz (von Viktor L.) und Akzeptanz (von Viktor O.).

Viktor, unser Held, unser (Kommunikations-)Sieger. Händler endloser Kreishandlungen. Sehnsüchtiger nach silbernen Löffeln im Mund. Sehnsüchtiger nach Liebe. Nichts, nichts. Alles wieder zurück-/abgegeben. Er muß langsamer treten, erkennt Viktor am Tresen stehend, verschnaufend, sich schämend, (falschen) Cappuccino mit (falschem) Schlag träumend. Die Zeit der großmäuligen Heldentatversprechen ist vorbei. Austreten, wegtreten. (Und davor nachdenken.) Eins nach dem anderen erzeugen. Darauf achten, daß einem der Saft nicht ausgeht.

Viktor verläßt (nach einem *turn* nach rechts) das Etablissement und die beiden deutschsprachigen Frauen darin, denn er findet Etablissement und Frauen häßlich und/ weil er ihnen nichts weiter zu bieten hat, außer seinem Exotismus, und um den ist es ihm zu schade. Doch verstecken will er sich auch nicht, als treuer Europäer(aspirant). Er wagt den nächsten Schritt.

Exotic cruising lane. Zurück zum Narrenturm. Zyklopen, Sirenenbabys, sechsfingrige Seraphenkinder, kannibalische Zwillinge. Da paßt einem ein ganzes Silber(operations)besteck in den Mund. Jeder Held sollte seine Reise genau hier beginnen. Das hat auch Viktor richtig gespürt, er hat sich nur in der Vitrine vergriffen. Nun steht er ergriffen vor seinem eigenen Mangel an Außergewöhnlichkeit einerseits und seiner erstaunlichen Perfektion andererseits (und sei es, daß er die Züge eines Viktor O. trägt) und denkt (nun nicht mehr mit Scham, sondern Schaudern) an jenes Plakat, das er am wirklichen Ende des Jahrhunderts (also zehn Jahre zuvor) in seiner Heimatstadt Budapest flattern sah: GOTT HAT EINEN PLAN MIT DIR!

Viktor erinnert sich endlich, wenn auch nicht an den Weg zu Gott, doch zumindest an den zu einem möglichen anderen Refugium, einem österreichischen Freund.

Dessen Türöffnung erwidert er mit den Worten: »Alle Figuren in der Geschichte sind katholisch und haben Humor.«

Na doschauher, sagt darauf Jungwirth, der österreichische Freund. (Auf [nord]deutsch würde man sagen: Du schon wieder.)

(Terézia Mora)

Warum bist du denn so überrascht, fragt mich Viktor László, freust dich denn nicht? Viktor, sag ich, mein Gott, Viktor, das ist ja ein Wahnsinn, daß du gerade jetzt vorbeikommst, also, daß du gerade jetzt klingelst, wo ich mich hingesetzt hab und über dich Viktor (kurze Ratlosigkeit Jungwirths) – ich weiß jetzt auch nicht, ob ich dich hereinlassen soll, oder besser nicht, oder ob es besser ist, dich neben mir sitzen zu haben, während ich über dich schreibe, oder ob es besser ist, gar nicht über dich zu schreiben, denn sei einmal ehrlich, wie du dich bisher angestellt hast, ich meine, erst in dem Dingsda, dem Narrenturm, den Löffel zu klauen, dann in die Ungargasse zu laufen und da … ich weiß, es ist nicht deine Schuld, daß man die Ingrid Bergman gefragt hat, vom Rennweg her die Ungargasse hinunter zu laufen, besser hätte man doch die Ingeborg Bachmann fragen sollen, die ja in der Ungargasse gewohnt hat, die Bachmann mit ihren Händen zum Hühnerausnehmen, du kannst nichts dafür, freilich, apropos, ich habe gerade vom Wienerwald ein Backhenderl geholt, es liegt noch in Alufolie eingewickelt in der Küche und hab ich nicht gelesen, daß du Hunger hast, warte doch einmal, nein, steh doch nicht so rum, kannst dich schon setzen, mußt ja auch müde sein, aber ich schau schnell nach, ich hab doch irgendwas vom Essen gelesen – ach ja, da hab ich's ja, bei Fian, da steht es schwarz auf weiß, eine Esterházyschnitte, oder Somloer Nockerln oder wenigstens ein Gulyás, aber wenn dir auch ein Backhenderl recht ist, dann essen wir jetzt ein Backhenderl, und ich laß die ganze Schreiberei sein, bis wir fertiggegessen haben, aber weißt du was, während ich das Henderl noch einmal in den Backofen schiebe und einen Grünen Salat dazu mache, gehst du runter und holst zwei Esterházyschnitten als Nachspeis, ich geb dir auch 50 Schilling, aber bevor du gehst, zeig mir doch schon mal den Löffel, von dem, dem, Moment, sag nichts, jetzt muß ich wieder nachschauen, ach ja, von dem Johann Hawelka, also gib her, sowas sieht man ja nicht alle Tage – ach wunderschön ist der, wunderschön – geh schnell nach unten, gleich gegenüber ist ja eine Aida, da kriegst du die besten Esterházyschnitten von Wien.

Der Viktor hat die ganze Zeit nichts gesagt, aber den Löffel hat er mir dagelassen und endlich ist er draußen, und ich setz mich an den Schreibtisch und denk gar nicht daran, das Henderl mit ihm zu teilen, und einen Salatkopf habe ich nicht zu Hause, und wenn es jetzt gleich wieder klingeln wird, dann werd' ich ihm durch die Gegensprechanlage sagen, er soll sich schleichen, es soll sich die Esterházyschnitten in die Haare schmieren und er soll um Gottes Willen nicht daran denken, daß ich ihn irgendwann wieder sehen will, und ich will die Zeiten loben, als ich mit meinen Eltern noch an den Plattensee gefahren bin und wie wir mit unserem Mercedes die Ostdeutschen und die Ungarn eine Runde fahren haben lassen und uns dafür zum Mittagessen einladen haben lassen, und ich werde ihn fragen, ob er sich noch daran erinnert, wie in den 80er Jahren die Ungarn nach Wien gekommen sind und die Hauseingänge in der Mariahilfer Straße vollgeschissen haben, ich werde ihm sagen, daß er sich wohl unter katholisch und Humor ganz was anderes vorgestellt hat, aber daß genau das das Schöne am Katholizismus und am Humor ist, daß der Katholizismus nichts mit Gut-Sein zu tun hat und der Humor nichts mit Lachen. Das soll er sich für den Rest seines Lebens merken, aber jetzt verschwinden. Dann werde ich in die Küche gehen und das Henderl essen und zur Nachspeis ein Jogurella mit ganzen Erdbeeren drinnen, mit dem kleinen Silberlöffel vom, wie heißt der doch gleich, jetzt muß ich noch einmal nachschauen, sowas Blödes, ach ja: Johann Hawelka – ich werde…, da klingelt es – Mensch Jungwirth, sei so hart und gemein, wie du es dir vorgenommen hast, wie du aber ansonsten nicht bist, sag ich mir, dann: Ja, brüll ich in die Gegensprechanlage, wer ist denn da? Viktor Orbán, mach auf Jungwirth! Ich wollte mal vorbeikommen, ich habe Esterházyschnitten dabei. Orbán?, frag ich, nicht László? Kennst mich nicht mehr?, fragt der Viktor. Ja, ja, doch, dann verschlägt's mir die Sprache und ich drücke auf den Türsummer.

(Andreas Jungwirth)

Hawelkas dritter Löffel liegt also, bis zum Hals in Jogurella, auf einem Küchentisch, womit hier keineswegs dem Alterego des ungarischen Ministerpräsidenten ausgewichen werden soll, steckt doch in uns allen ein kleineres oder größeres Stück Viktor Orbán, ich z.B. finde meins ziemlich abscheulich; meine Landsleute empfanden damals, in der Einsamkeit ihrer Wahlurne, in ihrer Mehrzahl anders, soll ihnen nur recht sein. Uns nicht weniger.

Übrigens, wie das meist ist, bleibt auch diesmal der Wächter im Schlamassel und versteht nicht, was ihm da schon wieder in die Hände gedrückt wurde. Er steht vor seiner Loge herum, eine etwas bläßliche Nebenfigur, eben verhallt der Lärm des Hubschraubers, in der einen Hand den Hut, in der anderen – na ja, selbst ein Blinder kann es sehen, daß es ein Pseudolöffel ist. Der Luftzug bringt den Aufruf der Gendarmerie am Fenster der Loge, wonach Hinweise auf den Täter belohnt werden, noch einmal zum Knistern, dann wird es still.

Geschehen ist folgendes: Zu Beginn der Mittagspause betrat ein junger Mann den offiziellen Raum und sprach lächelnd: Bürger, ich habe Euch Euren Löffel zurückgebracht! So einen großen Löffel hab' ich Euch zurückgebracht! Und um zu zeigen, was für einen großen Löffel er zurückbrachte, breitete er seine Arme weit aus und flog bis zum kreisenden Hubschrauber empor.

Der Wächter des Allgemeinen Krankenhauses hat in seinem Leben viel gesehen, selbst wenn er nur einmal in den Narrenturm kam, und selbst wenn ihm bei dieser einzigen Gelegenheit regelrecht schlecht wurde, schrie er doch nachts im Bett auf und mußte gleich dreimal aufstehen, um vor dem Spiegel zu prüfen, ob ihm kein zweiter Kopf gewachsen sei.

Aber einen so großen Löffel hat Herr Adler noch nie gesehen. Ein bauchiger, leerer, halbmeterlanger Schöpflöffel aus Aluminium, umgebunden mit einem Trikolorband. Vier Kilo, mindestens. Verziert mit Sperrholzmuster, eingelegt mit Matyómotiven.

Hallo, rief der Wächter zum Himmel hoch, hallo, dieser sein Löffel ist aber nicht *der* Löffel!

Der junge Mann stieg aber nur weiter in die Höhe und sagte, ab heute sei eben dieser der Löffel, und dann noch, daß es keinen anderen Löffel gebe. Einen anderen Löffel gibt es nicht, einen anderen Löffel gibt es nicht, skandierte der Chor der Engel, der in großen Netzbeuteln an den beiden Seiten des Hubschraubers hing, der Wind blies heftig durch ihre kleinen fleißigen Federchen.

Es gibt keinen Narren, der diesen auf einmal runterschluckt, schrie der Wächter. Was für einen verdammten Querschnitt muß man denn dazu haben?!

Er soll üben, schrien die Engel, umsonst bekommt man nichts.

Wie soll er üben, wenn er längst tot ist, schrie der Wächter und winkte mit seiner Hand vor der Stirn, womit er gleichzeitig andeuten wollte, daß Hawelka verrückt gewesen sei, und daß er noch nie so blöde Engel gesehen hat.

Na siehst du, Hawelka ist passé, sangen die Engel, und das war auch wahr.

Seitdem steht der Wächter in der Tür, steht da ratlos und enttäuscht. Er liest das Plakat mit dem Aufruf der Gendarmerie, und die Wut steigt in ihm hoch. Allmählich wird er auf Hawelka böse. Warum der Idiot keinen breiteren Hals hatte. Und keinen weiteren Magen. Ja, wirklich, warum hat er nicht mehr geübt? Was hätte es ihn gekostet? Nichts. Es stimmt doch, es haben doch diese recht, die da ihm weggeflogen sind. Wäre es nämlich nicht so gewesen, wie es war, könnte er jetzt diese Summe kassieren, es gäbe einen Zeitungsartikel, ein kleines Fest, einen Sekt. Und was gibt es so? Nichts. Seine Frau hat auch keinen Topf, in den der hier hineinpassen würde.

Den kleinen Mann erwischt es immer so. Und wer ist schuld dran? Na, wer?!

Der Hawelka!

Die *Hawelkas*, schreit Herr Adler und schlägt dann mit dem schweren Pseudolöffel wuchtig auf den schmächtigen Tisch seiner Loge.

(Lajos Parti Nagy)

(Aus dem Ungarischen bzw. Deutschen von Lajos Adamik und Gerhard Csejka)

PÉTER ESTERHÁZY

1 Buch
Das Schimpfgenie

Von Kosztolányi wurde gesagt, er sei selbst nach seinem Tod ein überaus fruchtbarer Autor geblieben (von seinen in Buchform nicht publizierten Schriften konnten immer wieder neue Bände zusammengestellt werden). Es sind langsam zehn Jahre her, daß Thomas Bernhard gestorben ist, für uns aber sind neue Bernhard-Bücher noch immer möglich. Die heimischen Verleger (und das Theater) haben ihn so ziemlich drunter und drüber entdeckt, doch der Stand der Dinge bessert sich zusehends. (Immerhin waren nicht die Verlage säumig, vielmehr war unser Lesen unaufmerksam, wurde doch »Frost« schon 1974 tandorisiert.) Jetzt hat der von József P. Kőrösi geleitete Palatinus Verlag einen neuen Roman veröffentlicht und zwar »Alte Meister« in der großartigen Übersetzung von Gabriella Hajós. Das Attribut wurde ein bißchen eilig beigefügt, denn ich habe nichts eingehend untersucht und verglichen, ich *höre* nur, daß diese Sätze, die Bernhard-Sätze der Hajós, irgendwie *da* sind, sie sind nicht wie die von Kertész, doch ich verstehe – verstehe es besser von der Übersetzung ausgehend als vom deutschsprachigen Original – warum sie miteinander verquickt werden und keine Vergleiche mit Krasznahorkai stattfinden, aber – siehe oben. Vielleicht müßte nur gesagt werden, das sei eine Übersetzung, keine großartige, keine bravouröse, keine schöne, keine berufene, lediglich eine Übersetzung, soll heißen, keine bloße Meldung über ein Werk, kein Tratsch, kein hilfsbereiter

Bericht, der aussagte, da gebe es ein Werk, in dem es um dies und das gehe, es ist vielmehr das Ding selbst. Thomas Bernhard ist hier und er spricht.

Er singt und psalmodiert. Das ist die richtige Rundumverteidigung, naturgemäß und tatsächlich. Er schreibt aus Opposition gegen sich selbst, schreibt er, sage ich. Weil mir, sagt er, schreibe ich, Widerstände, wie ich schon einmal gesagt habe, *alles* bedeuten … Ich wollte eben diesen ungeheuren Widerstand und dadurch schreibe ich Prosa …, schreibt er in einer Art Bekenntnis. Das Furchtbarste ist für mich Prosa schreiben … Überhaupt das Schwierigste … Und von dem Augenblick an, in dem ich das bemerkt habe und gewußt hab', *habe ich mir geschworen*, nur noch Prosa zu schreiben. Ich hätte ja etwas ganz anderes machen können. Ich hab' sehr viel andere Disziplinen gelernt, aber *keine furchtbare*, schreibt er. (Ein Stück zu schreiben, scheint überhaupt angenehmer oder unterhaltsamer oder einfach lustiger zu sein als einen Roman zu Papier zu bringen. Löst du dort ein Problem, dann ist es gelöst, du kannst deine Hand anschauen, eine gute Hand, du kannst sie loben und dich deiner Begabung freuen. Auch die Probleme eines Romans müssen gelöst werden – oder sie müssen, wenn das nicht möglich ist, denn es ist möglich, daß es nicht möglich ist, dann müssen sie bis zuletzt mitgeschleppt werden –, nach ihrer Lösung aber darfst du, wenn du nur ein bißchen ehrlich bist, nicht feiern, weil sich für jede Lösung dieser Art erst zum Schluß, rückwirkend erweist, ob es in Ordnung ist und dann freilich, wenn, dann dürftest du dich freuen, wo ist aber dann schon der Tag hin, der damit, und nur damit vergangen ist …)

Mir kam etwas Unerwartetes (für mich Unerwartetes) in den Sinn, das nämlich, daß Bernhard etwas mit Krúdy zu tun hätte, oder umgekehrt. Ich denke nicht an die Melancholie, die sie zweifellos verbindet, sondern an die strukturelle Melancholie, mit anderen Worten an die organisatorische Kraft, vielmehr.

Ich fange weiter vorne an. Dort, am Anfang des Jahrhunderts, kannten und ermaßen die sogenannten modernen Klassiker des Romans alle unsere (heutigen) Probleme (Joyce, Musil, Broch, Thomas Mann mit inbegriffen, nur hat er noch rasch alles vollendet und alles abgeschlossen, was seinerzeit vollendet werden mußte und konnte – von einem Bürger, der da ist und nicht da ist.) Wenn der Roman doch irgend eine Totalität wäre, eine Art Totalität der Sicht der Welt und der Menschen, was wäre dann los, was wäre dann zu tun in der Welt des allgemeinen Werteverfalls, in der Zeit des allgemeinen Zusammenbruches? So lautete die Hausaufgabe.

Broch stellte sich in dem bis heute anhaltenden historischen Kampf gegen den romantischen und naturalistischen Roman eine Romanform vor, die sämtliche anderen Formen zunehmend in sich vereinte. Er nennt diesen integrativen Roman in seinem Essay »Mythos und Altersstil« den polyhistorischen Roman. (Ich merke hier in Klammern unter dem Betreff ›Schmücken mit fremden Federn‹ an, daß mich Massimo Rizzante, der Redakteur des *L'Atelier du Roman* in Paris, auf diese Schrift aufmerksam gemacht hat, er beschäftigt sich mit der Beziehung zwischen Danilo Kiš und Broch, mit der Analyse der Musik und der Enzyklopädie als von Broch aufgezeigte Romanmöglichkeit.) Laut Broch kann der Roman viel von der Musik, von der abstraktesten aller Künste, lernen – er erwähnt Schönberg und Strawinski. Er spricht von der Musikalisierung des Romans, eher von einer Syntax denn von einem »Vokabular«, eher von der Definition der mathematischen Struktur menschlicher Beziehungen denn vom Abbilden von Landschaften und Befindlichkeiten, eher vom Erfassen des Wesentlichen am Lachen als von der Darstellung lachender Menschen. Will ich's verstehen, so verstehe ich's.

Wie wenig Hilfe in romanpoetischen Fragen doch die ungarische Romandichtung bietet! Unsere großen Vorfahren, die »Westler«, der klassischen modernen Tradition vom Anfang dieses Jahrhunderts um die Zeitschrift *Nyugat* (Der Westen, der Name ist nur zur Hälfte oder zu einem Drittel als Apposition zu lesen) verhaftet, haben die Arbeit, die, sagen wir einmal, in der europäischen Romandichtung mit Flaubert ihren Anfang nahm, nicht vollendet. Ob sie es verabsäumt haben oder ob es nicht notwendig war, das weiß ich nicht, jedenfalls ist nichts da. Wir kennen freilich diese Arbeit durch die Übersetzungen, und daraus resultiert eine interessante, schwierige und aufregende Situation – die der Existenz und zugleich Inexistenz.

Unter wessen Mantel sind wir also hervorgekrochen? Ist es möglich, daß es gar keinen Mantel gibt, sondern nur hier ein Stück Mantel, dort ein Stück Mantel mit einem Heftfaden daran? Gefundene und erfundene Gegenstände – ich sage nichts von einer Reinigung. Wenn es so wäre, dann wäre es halt so, und das ist weder schlecht noch gut. (Vielmehr *eher* gut, auf jeden Fall wäre es gut, ich würde mich freuen, wenn meine Bücher das ausstrahlen würden.) Und gegen den Regen, was auch immer wir unter Regen verstehen, schützt uns auch Gogols Mantel nicht.

In poetischem Sinn ist auch Ottlik nicht informativ. Genauer, er ist es wohl im Hinblick auf seine Person, er weiß viel (»alles«) über den Roman, über die Verbindung zwischen Roman und Wirklichkeit, über »die Schwierigkeiten des Erzählens«. Die »Schule an der Grenze« aber weiß nichts von Schwierigkeiten des Erzählens, das ist nicht ihr inneres Problem, der Roman zeigt nur an, daß es so etwas gibt, er weiß darüber, es würgt ihn jedoch nicht.

Ich meine, all das ist nicht unabhängig eben davon, was an Ottlik das größte ist, jener Heroismus, mit dem er bewahrt, was wir am besten als Nicht-mehr-Existenz definieren, er bewahrt die Inexistenz – und jener gute Radiergummi ist auch gestohlen worden. Was ich sage, das ist keine neue Erkenntnis, und keineswegs, das möchte ich jetzt bitte unterstreichen, irgend eine Rücknahme (?), das habe ich immer schon so gemeint, daß Ottlik nicht über Kosztolányi hinausgegangen ist, was die von mir erwähnte Arbeit betrifft. Ich glaube nicht einmal, daß dieses Hinausgehen über jemanden unbedingt notwendig ist, nur wenn gegangen werden muß, dann müssen wir gehen (wer auch immer kann). Die Romantheorie ist dem Romancier theoretisch nicht wichtig, zuweilen aber …

Unter Musikalisierung eines Textes verstehe ich nicht seinen Wohlklang, sondern, sagen wir, das Abgehen vom Verband (des Sinnes) der Worte, und – gemäß Thomas Bernhard – höre ich Krúdy so, als solchen, Krúdy als Buch, als 1 Buch, als Ganzes. (Oder umgekehrt: Sollte ich ein, zwei essentielle Krúdy-Werke auswählen? Also, das weiß ich jetzt nicht. Von Zeit zu Zeit mache ich gerne keinen Unterschied zwischen dem guten und dem falschen Krúdy, es ist aber nicht wahrscheinlich, daß ich mich von dieser konzessiven Annäherungsweise nicht abbringen ließe.) Dem Ton nach gibt es kaum zwei unähnlichere Schriftsteller als diese beiden: dieser bewußte Violoncello-Ton (der mir beim Hals heraushängt – in der Tat mein musikalischstes Organ), respektive das Kratzen und Grimmen, diese grandiose Blasphemie. Bernhard ist, gelinde gesagt, kein Nostalgiker. Krúdy ist es, wie Ottlik auch. (Noch ein wenig ottlikisierend: als gestehe Krúdy seine Melancholie ein, Ottlik hingegen nicht, als könne er sich das dort nicht erlauben. Krúdy ist schonungsloser – er gestattet uns aber, ihn mißzuverstehen und verträumt das Mark aus dem Knochen zu holen.)

Ich finde Krúdy und Bernhard in der Musikalisierung, in der Infinitisiertheit des Textes einander ähnlich, darin, wie die Struktur, diese Musik sich über das konkrete Geschehen erhebt. Bernhard sagt: Es darf nichts Ganzes geben, man muß es zerhauen. Etwas Gelungenes, Schönes wird immer mehr verdächtig. Man muß ja auch einen Weg möglichst an einer unvorhergesehenen Stelle abbrechen … So ist es auch falsch, ein *sogenanntes Kapitel* in einem Buch wirklich zu Ende zu schreiben. Und so ist es falsch, überhaupt ein Buch zu Ende zu schreiben. Und *der größte Fehler* ist, wenn ein Autor ein Buch zu Ende schreibt. Und im Umgang mit Menschen ist es auch sehr gut, wenn man die Beziehung *plötzlich abreißt*.

Der Krúdy-Text vermag das alles. – Ich will diesen Konnex aber nicht überbetonen, ich sage es nur so, kein Problem (»das Pferd ist schon trocken, Sie können den Lack auftragen«).

Eigentlich sind Europas dreckigste Leute die Budapester, und es ist eine wissenschaftlich bewiesene Tatsache, daß sie wöchentlich nur ein einziges Stück Seife verbrauchen, wie auch wissenschaftlich nachgewiesen ist, daß sie ihre Unterhosen nur einmal pro Woche wechseln, so schreibe ich, so schreibe ich den Bernhard-Text um. Wo er auch immer aufgeschlagen wird, es findet sich ein wenig an (erfrischender) Nationsbeschimpfung. Was sind das doch für Glückspilze, unsere Politiker und ihre Stilfreunde hier bei uns, die mit den lokalen Nationsbeschimpfern davonkommen, die ja verglichen mit jenem Furor echte Patrioten sind, bedauerlicherweise.

Die Schimpfpartien sind die amüsantesten. Da gibt es zum Beispiel eine längere Heidegger-Beschimpfung: wunderbar. Er beschimpft den Verdeutscher großer Gedanken im Gespann mit Stifter, in einem Aufwaschen haut er auch Handke, unerträglich, schreibt er, ein Kitsch, geistlose, pathetische Sentimentalität. Und Bruckner: ein stupides, monumentales orchestrales Ohrenschmalz. Ein Schimpfgenie.

Als beabsichtige Bernhard auch die Grenzen zu liquidieren, alles lächerlich zu schreiben, alles überflüssig und sinnlos zu psalmodieren, in diesem Nichts als im einzigen Tatsächlichen zu verbleiben oder nicht zu verbleiben – was, sagen wir, das Verbleiben ausmachte.

Jedoch, es wäre verfehlt, einen Artikel fertigzuschreiben.

(Ungarische Erstveröffentlichung in *Élet és Irodalom* vom 24. April 1998; mit freundlicher Genehmigung des Residenz-Verlags, Salzburg; aus dem Ungarischen von György Buda)

GYÖRGY BUDA

Lajos Parti Nagy übersetzend – ein »Mausoleum« zwischen Budapest und Wien und?

Wir sitzen in der Weinlaube zwischen Haus und Garten. Ich trinke, Lajos fährt Auto. Vor uns auf dem Tisch Papiere, Probleme. Und Wein. Ein G'spritzter. Wie würden Sie den G'spritzten übersetzen, für, sagen wir, einen Verlag in Islamabad?

Ist es denn so schlimm? Nein, nur noch schwerer. Islamabad ist weit weg, Budapest ist in der Nachbarschaft. Das kann ja kein Problem sein. Den G'spritzten kennt man in Wien und in Budapest.

Kennen Sie den? Zwei Yuppies betreten ein Lokal in Wien. Sie bestellen: »Zwei G'spritzte!« Darauf der Wirt: »Des seh' ich. Und was wollen's trinken?«

Lajos sind meine Probleme nicht fremd; der Fragenkatalog des Übersetzers ins Englische liegt vor und leistet gute Dienste. Außerdem erhalte ich volle Rückendeckung: Mach's wie du willst. Laß es aus, wenn's nicht geht.

Rückblickend wäre es natürlich fein, damals gesagt zu haben: Wir haben es hier mit folgenden drei (oder wie vielen auch immer) Problemen zu tun ... Doch das habe ich nicht gesagt. Ich habe nur gelesen und geschrieben.

Der Übersetzer übersetzt. Im günstigeren Fall. Oder er steht in der Küche und spült Geschirr. Dann übersetzt er schon lieber. Das Übersetzen spielt sich zwischen seinen Augen und seinen Fingern ab. Er starrt mehr oder weniger gebannt auf einen Text und tippt ihn in die Maschine.

Irgendwo zwischen Augen und Fingern befindet sich sein Verstand. Im günstigeren Fall. Denn der ganze lange Text soll in einer anderen Sprache in die Maschine. Dabei wird der Übersetzer zu einem Monster. Ein Doktor György und Mister Buda. Und vieles mehr. Was auch immer der Text verlangt. Er wird zu einem altklugen, unterernährten, auf wundersame Weise elektrisch aufgeladenen Kind, das nach der Wahrheit sucht und über die Ernährungsgepflogenheiten von Schwalbenratzen aufgeklärt wird. Der Übersetzer wird zu einer vollschlanken, ältlichen Frau und schreibt aus ihren welken Erinnerungen verblühte Geschichten nieder. In seinem Zerebralthesaurus speichert er auf Abruf Sachen wie Umlaufbeschluß und Musterfirmazeichnung, Isotopen-Tracing und Zweistrang-Gießmaschinen und natürlich die allgemein begreifliche heftige Gemütsbewegung und die außerordentliche Strafmilderung.

Da müßte doch so ein Text, der wie gesprochen klingt, die reine Alltagssprache von Hunderttausenden, gewürzt mit einigen lockeren ›Parti-Nagyismen‹, die reinste Erholung sein, nicht wahr?

Nun, das vielleicht nicht. Zwar haben wir Grundsätzliches schon geklärt: Ich darf den Text in das Oberdeutsche – vulgo »Österreichische« – übersetzen, doch ich weiß, ich habe hier kein Dialektstück vor mir, diese Welt ist nicht die heile des »echten Wieners«, des unsinkbaren Mundl Sackbauer, die Handlung spielt auch nicht auf einer urbanisierten Löwingerbühne. Es geht um den ganz normalen heutigen Wahnsinn, um eine mögliche, also existente Geschichte von sehr poetisch dargestellten, aber durchaus echten Charakteren in einer für den westlichen Wohlstandsbürger schwer vorstellbaren, jedoch stets nachweisbaren Umgebung.

Beginnen wir vielleicht mit dieser. Das Stück spielt ausdrücklich in Budapest, genauer: im weniger bürgerlichen Pest, der Ort ist nicht zu übersetzen. Ein U-förmiger Gang mit Türen inmitten eines heruntergekommenen Zinshauses, verbreitete Bauweise um die Jahrhundertwende, umgibt den betonierten Hof; hier finden wir die Einheit des Ortes. Alles unwahrscheinlich verwahrlost. Eine Mietskaserne mit Pawlatschen. Auch das Architektonische ist unübersetzbar.

Soviel zum Milieu. Es ist vorgegeben und bestimmend für die Sprache. Eine Hauptschwierigkeit: das Ungarische verträgt und benützt auch als publizierte Literatur (heute) viel mehr lockere bis allzu lockere Sprüche, deren Genese hier – wie interessant auch immer – nicht zu behandeln ist, sie reichen sozusagen von unterhalb der (vorderen) menschlichen Gürtellinie über diverse Mütter bis zur blasphemischen Verschwägerung – demgegenüber steht im Deutschen das Anal-Fäkale, wohl etabliert, siehe Luther und Goethe und auch das Grimmsche Wörterbuch mit seinen üppigen Zitaten. Four-letter-words sickern zwar durch das Fernsehen auch ins Deutsche, und von dort in das Österreichische … Nein, bleiben wir lieber bodenständig. Textbeispiele – im Stück, bitte.

Dann die Charaktere und ihre Namen. Spätestens hier kratzt sich der Übersetzer ratlos den spärlich behaarten Schädel. Sie heißen pesterisch, also haben wir eine Komposition von Namen aus der Monarchie. Schon einmal eine Richtung, aber Vorsicht, das Stück spielt noch immer in Pest! Ist das wahr? Spielt die Übersetzung auch dort? Nein, keinesfalls in Wien, das ist kein Wiener Stück. Erfinden wir also eine Zwischenstadt eines Zwischenreiches … Die Figuren sind liebevoll gezeichnet, das muß auch so herüberkommen … Die Bösen sind auch nur bedingt böse. Die Personen sind legitime Abkömmlinge der Nachkriegs- bis Vorwendezeit, mit Ausnahme des elektrisch aufgeladenen Jungen, der nie etwas anderes gekannt hat als die gegenwärtige »kumulativ benachteiligte Situation«, übrigens ein real existierender Terminus aus der Zeit des Real Existierenden. Klar, daß diese Personen in der Übersetzung kaum Hochdeutsch reden, für mich ebenso klar, daß sie bei mir nicht Kai-Uwe oder Horst oder Marlene heißen.

Was tun aber mit der dezent verfremdeten Sprache, die oft Neuschöpfungen oder Wortverdrehungen, Sinnvermischungen, spielerische Durchdringungen enthält? Diese Kunstsprache wäre so zu übersetzen, daß der geneigte Leser die Tricks als solche erkennt und sie nicht für die Unfähigkeit des Übersetzers hält. Überhaupt: der oder die Geneigte! Wie weit soll ich ihrem Verständnis entgegenkommen, wie stark am Original haften bleiben? Meine Übersetzung bewegt sich in einem Dreieck, dessen Eckpunkte Autor, Leser (resp. Verlag) und Übersetzer heißen, jeder dieser Eckpunkte hat eine gewisse Anziehungskraft, und der Text, mein Text, der Eigentum des Autors war und das des Lesers werden wird, und dabei doch wundersam allen zu gehören hat, tschundert frei nach Herzmanovsky-Orlando in diesem mystischen Dreieck herum, je nachdem, ob die gerade bearbeitete Textpassage dem Autor treu bleibt, mit dem Leser kokettiert oder dem Übersetzer Wonne und Würdigung verheißt.

Und zu bedenken ist immer: ein Theaterstück kann gelesen, will aber gesehen werden. Möglich, daß der Regisseur ganze Sätze ummodelt, was heißt Sätze?, daß er Absätze, ganze Szenen mit einem einzigen Federstrich oder -stich meuchelt, und vergrübelte Minuten und Stunden, Gehirnschmalz und Herzblut wandeln den Weg alles Irdischen. Andererseits soll der Text auch sprechbar sein.

Diese Zeilen hätte ich (so) nicht schreiben können,

hätte nicht »mein« Verlag in Wien die Übersetzung anerkennend angenommen.

Zum Abschied, holde Leserin, geneigter Leser, stehe mein Lieblingssatz aus dem Stück »Mausoleum« von Lajos Parti Nagy: »Eine Rose ist kein Mensch, daß sie alles aushält.«

Danke, Lajos!

LAJOS ADAMIK

Straelener Untergang oder: Halbwegs-Erfahrungen mit – ja, womit denn auch?

Der Beginn, damals, wäre gar nicht so rettungslos verfehlt gewesen: Vater Schneider, Mutter Schneiderin, zur Welt gekommen mit 4200 Gramm, und das zwei Jahre nach dem großen Aufstand, irgendwo auf halbem Weg zwischen der Rochuskirche und der zentralen Synagoge; Deutschunterricht bereits im Kindergarten, privat, da Mutter offiziell nur Hausfrau, Näherin eben schwarz, »Tanti néni«, »Tante Tanti«, eine alte Dame, eine Überlebende aus Wien? Berlin?, »guten Tag«, »komm her«, »bitte schön«; ja, und ab dem zehnten Lebensjahr wöchentlich zwei Stunden Deutsch bei fleißigen StudentInnen, jahraus, jahrein bis zur Matura (»Aus dir soll werden, was aus mir nicht geworden ist, studieren sollst du«, so der ehrgeizige Vater, damals); und im Gymnasium gab es eine Schülerzeitung, und da konnte man seine ersten Versuche nach Trakl xerokopiert sehen, und das war schon irgendwie aufregend.

Dann das Studium, mit vielen öden Vorlesungen à la »Thomas Mann und das 20. Jahrhundert«, dafür hatte man den Großbudapester Gespensterjäger zum Kommilitonen, war er es doch, der einem immer wieder weiterhalf, den ersten Übersetzungsauftrag besorgte und auch den zweiten, und dann den »Wetterfleck«, eine Kurzerzählung des großen Thomas Bernhard. Und war das nicht ein Wink des Schicksals, daß man als Sohn einer Schneiderin gleich bei der ersten offiziellen Begegnung mit der literarischsten Substanz Österreichs umsonst nach einem hundertprozentigen Äquivalent für den Namen eines *Kleid*ungsstücks suchen mußte? Wo man zwischen Röken und Mänteln, Kostümen und Blusen, Jacken und Hosen seine Kindheit verbracht hatte, mit dem so angenehm monotonen Summen einer musealen Singer-Nähmaschine eingeschlafen und aufgewacht war und einen großen Kasten mit Knöpfen verschiedenster Größen und Farben zum bestmöglichen Spielzeug gehabt hatte?

Ja, das war wohl ein Wink, und man hätte es sogar zu 'was bringen können, hätte man sich nicht von seinem eigenen Schicksal zum gott-, um nicht zu sagen: hoffnungslos nihilistischen Objekt schmieden, hämmern und schlagen lassen; und da endete man irgendwann in der Wüste des Unsinns, gab sich wahllos zum Vermitteln von allerlei Flickereien und Stoppeleien her, statt in der Tradition englischer und französischer *haute couture* zu bleiben.

Na gut, so streng sollte man vielleicht sich selbst gegenüber doch nicht sein, denn zwischendurch gab es immer wieder Arbeiten nach *Maß*, wo jeder Nadelstich lebenswichtig war: Mystisches und Mystischstes, der glanzvolle Meister Eckhart und der drastische Paracelsus, der kunstwollende Alois Riegl und der italienbesessene Aby Warburg, die Gebrüder Grimm und natürlich Bargfelds am hellsten leuchtender Stern, Arno Schmidt; und dann, um gleich auf das Lebenswichtigste hinzuweisen, die Erfahrung der Erfahrungen, Hermann Nitsch und sein »Rauschbereit«, so etwas wie ein Bekenntnis für das ganze Leben, umso schöner, als für eine Anthologie über die »Beschäftigung mit dem Tod« vorgesehen, und hier müßte man jetzt alle nennen, die einem so oft und immer wieder geholfen haben, den István mit seinen so schwermütigen Bildern und seine so mutige Anna, den großen Friedensadler, Wolfgang aus Frankfurt am Main und den anderen, den für mich größten lebenden Sportjournalisten (»Wieso nur Sport-?«, würde er hier wohl in seinem unnachahmlich heiseren, von den unzähligen Casablancas unwiderruflich imprägnierten Baßbariton protestieren), aus Marz am Rohrbach, den lieben Amateurastrologen zu Cserhátszentiván, den einen, zum Bankdirektor avancierten Freund aus der Grundschule und den anderen, den zum Weltumsegler und zuletzt am Fuße der Blue Mountains als Sauerampferzüchter gelandeten, ja, auch den dem Taoismus rettungslos verfallenen Bibliothekar des höchsten Staatsanwalts, hat er einem doch oft genug mit seinem zwanzig Jahre alten Zweitakter-Wartburg die Umzüge erleichtert, ihn und all die anderen – es ist doch großartig, so ein Netz hinter, unter und um sich fühlen und wissen zu dürfen, und schau, wie dieses Netz sich wie von selbst weiterspinnt, Schleife um Schleife, Stich um Stich, Garn zu Garn, denn jetzt durfte man dann, nach Egon Friedell, Hans-Peter Duerr und Ottokar Janetschek, und schon wieder, weil es dem lieben Gespensterjäger zu viel war, mit dem augenkranken Ransmayr nach Straelen fahren und dort zwei Monate auf Kosten des DAAD leben, und die Arbeit am Text, nämlich, wie zuvor angedeutet, an »Morbus Kitahara«, war schon eine schöne, wenngleich mühsame, sagen wir: wie das Zerlegen und erneute Zusammennähen eines Fracks aus der besten Londoner Maßschneiderei für eine total andere Figur; und dort brachte dann einem der liebe Servaas, zugegeben, etwas spät, aber immer noch nicht zu spät, das Drehen eines *Stickys* bei.

Und dann kam das fast wie in einem Krimi, man durfte vor einem erlesenen Publikum österreichischer LiteraturwissenschaftlerInnen über die Umwege vor, während und nach dem Zurechtschneidern des *Morbus hungaricus* sprechen, und da saß man neben einem, von dem man vorerst nicht wußte, daß *er* den schönen Text über den kurz davor entdeckten »Strahlenden Untergang«, diesen großartig besessenen Frühtext von Ransmayr verfaßt hatte, und schon jagte man nach ihm im Netz der Netze, als dann plötzlich der Schleier fiel; und bald darauf gab es eine Ausstellung des großen Malers Attersee im hiesigen Kunsthistorischen, und da kam gleich ein ganzer Bus aus Wien zur Eröffnung, und im Bus saßen nicht nur der Nitsch und seine Rita, die einen dann gleich zum Tokajertrinken ins Gundel verführten (und noch weiter), sondern, wie sich bald herausstellte, auch, was für ein Zufall, der erste Verleger dieses Textes, Herr Christian Brandstätter; und nur einige Wochen später saß man, da Arno Schmidt zu einer ersten Kurzvisite nach Budapest kam, mit einem äußerst sympathischen Anwalt aus Hamburg an einem Tisch des viel mehr mondänen als unterweltlerischen Hades, und wie sich nach der vierten? fünften? Flasche Blauen Portugiesers herausstellte, war *er* natürlich jener Hamburger Anwalt, an den man sich nach dem Hinweis Brandstätters in Sachen Ransmayr wenden mußte: Joachim Kersten, ein wahrer Grandseigneur mit unendlichem Gemüt; und selbst wenn der Autor, wie zu befürchten ist, keine Neuauflage dieses seinen frühen Textes in keinem Dialekt der Erde sehen möchte, wird man vielleicht noch einmal nach Straelen fahren dürfen, um dort eine zweisprachige Edition in der bis zum Gehtnichtmehr limitierten Auflage von einem einzigen Exemplar herzustellen, und das wird dann das überhaupt nicht zufällige Zusammentreffen einer musealen Singer-Nähmaschine mit einem bei den dortigen Niederschlagsmengen gar nicht unnötigen Regenschirm auf dem Operationstisch eines Wörterflickers oder, was in etwa das gleiche ist, der Straelener Untergang des Strahlenden Untergangs sein. Oder so ungefähr.

II

INITIATIVEN UND INSTITUTIONEN

WENDELIN SCHMIDT-DENGLER

Österreich–Ungarn: Privat und germanistisch

Für Leslie Bodi

1.

Es beginnt mit dem Großvater; der hat Hajós geheißen. Das ist sicher. Er war Ungar. Auch das ist sicher. Er befuhr als Lokomotivführer die Strecke Budapest-Zagreb. Das ist weniger sicher. Er ließ sich in Samobor bei Zagreb nieder, betrieb eine Schmiedewerkstätte, wurde kroatisiert, und schrieb sich von da an Hajoš. Das ist sicher. Er war Vater von neun Kindern. Das ist ziemlich sicher. Das zweitjüngste war meine Mutter. Sie wurde 1911 geboren. Das ist ganz sicher. Da Kroatien zur ungarischen Krone gehörte, lernte meine Mutter Ungarisch in der Schule, auch noch im neuen Staate Jugoslawien. Der Vater sprach es noch mit den Kindern, meine Mutter sprach es später kaum mehr. Und so kam es auch nicht auf mich. Der Großvater ist ein schöner und privater Mythos. Man soll an ihm weiterarbeiten. Eine entfernte Verwandte soll Vorleserin bei der Kaiserin Elisabeth gewesen sein. Daß ist so unsicher, daß ich der Sache bis jetzt nicht nachgegangen bin. Ich bin dafür, daß man sich Illusionen erhält.

2.

Meine Mutter und mein Vater sprachen kroatisch und deutsch miteinander. Sie starb früh, so verschwand das

Kroatische aus der Familie und meine Erziehung verlief einsprachig. Ich war als Kind dummstolz auf die deutsche Sprache, und heute ärgert mich das: Denn diese Sprachgeschichte der Familie ist eine Verfallsgeschichte. Sie ist symptomatisch für das mitteleuropäische Debakel des Kleinstaates Österreich.

3.

November 1956 in Wien: Eine Menschenschlange steht vis à vis von unserer Schule vor dem Polizeipräsidium in der Zedlitzgasse. Geflüchtete Ungarn, denen wir Gymnasiasten unsere Jausenbrote geben. Fünf Ungarn schlafen einige Nächte in unserem Wohnzimmer. Wien ist für sie eine Durchgangsstation. Die jungen Herren besuchen einen Tarzanfilm, der mit einem Plakat beworben wird, das ein spärlich bekleidetes Mädchen unter Lianen zeigt. Ich, in der Endphase der Pubertät, ahne, daß dies ein Kunstprodukt ist, das interessant sein könnte, darf aber nicht hinein. In Ungarn war dieser Film offenkundig nicht zugelassen. Ein paar Wochen später kam noch eine Ungarin und wohnte bei uns; ihrem Mann war die Flucht ein paar Wochen zuvor geglückt. Sie hieß Ibolya; das würde Veilchen bedeuten, hieß es. Ich wundere mich, daß man Veilchen heißen kann, und beneide Ungarn, wo so ein Vorname erlaubt ist. Ich beschließe bei mir, ein Heldendrama zu schreiben, dessen Sujet der Ungarnaufstand von 1956 ist, dessen Held Egmont (!) heißen und das auf der Margareteninsel seinen Ausgang nehmen soll. Das Unternehmen scheiterte infolge der Unkenntnis der Örtlichkeiten.

4.

Herbst 1973: Zum ersten Mal überqueren meine Frau und ich mit dem Auto die ungarische Grenze. Wir müssen drei Stunden warten; es ist Staatsfeiertag. Ich nutze die Zeit, um mir die Grundbegriffe des Ungarischen aus einem Lehrbuch (VEB Verlag Enzyklopädie Leipzig) anzueignen. Folgender Dialog hat sich mir eingeprägt: »Müller: Die Budapester sind nette, sympathische Leute. Szabó: Im allgemeinen ja. Aber ihr seid auch nett und sympathisch.« Und wer Verständnis für Lautgedichte hat, mußte von den ungarischen Einleitungssätzen hingerissen sein: »Ki van itt? Ottó van itt. Ki van ott? Klára van ott. Mi van itt? Kávé van itt. Mi van ott? Budapest van ott.«

5.

Doch Budapest war nicht so bald da. Als wir es endlich erreichten, hat es uns – wie denn nicht – ausnehmend gut gefallen, nicht zuletzt dank der ebenso präzisen wie herzlichen Aufnahme durch eine ungarische Kunsthistorikerin, eine Freundin meiner Frau. Im Gedächtnis bleibt der Besuch bei deren Eltern; der Vater war Direktor des Museums in Pécs gewesen, die Mutter Gymnasialprofessorin für Mathematik. Beide hatten bessere Zeiten gesehen, aber erhalten geblieben war eine Enklave des bürgerlichen Decorums und der Distinktion, etwas durchaus Bewahrenswertes, was in Österreich im Überlegenheitsdünkel des Wohlfahrtsstaates hinweggespült worden war. Eine Nostalgiezelle, konserviert und streng abgehoben von einem Umfeld, das eine undefinierbare Mischung aus Verfall und undogmatisch praktiziertem Marxismus darstellte. Unvergeßlich auch der Besuch der Akademie und der Nationalgalerie, verbunden mit der Einsicht, daß manches in Ungarn früher war als bei uns: Der ungarischen Malerei aus dem 19. Jahrhundert läßt sich wohl nur wenig an die Seite stellen, und im Ungarn des Matthias Corvinus hatte der Humanismus seine erste Landebahn in Mitteleuropa. (Diese tiefe Verbundenheit mit der Latinität zittert noch in einem Merkspruch nach: »Extra Hungariam non est vita, et si est vita, non est ita.«)

6.

Die Kontakte im Bereich der Literaturwissenschaft liefen nur zögerlich an. Es gab zwar die verdienstvolle Lenau-Gesellschaft, aber das 19. Jahrhundert war nicht mein Arbeitsgebiet. Die ersten Begegnungen mit den Kolleginnen und Kollegen aus Ungarn gab es zunächst auch gar nicht auf der akademischen Schiene; die Impulse dafür kamen vielmehr aus dem Außenministerium, wo Wolfgang Kraus als Leiter der »Kontaktstelle« Germanisten die Möglichkeit verschaffte, über österreichische Literatur im Ausland zu sprechen. In den siebziger Jahren hatte sich (endlich) auch im Bereich der Administration die Einsicht durchgesetzt, daß es eine herzeigbare österreichische Gegenwartsliteratur gäbe. Und von dieser Einsicht habe ich wie nur wenige profitiert. Im April 1978 wurde ich zu einem Vortrag über Doderer eingeladen. Mir war etwas mulmig, da damals in Österreich und Deutschland dieser Autor als Repräsentant eines längst überholten konservativen Denkens und einer veralteten Schreibpraxis galt, der vorschnell den Frieden mit seiner eigenen, durchaus prekären und von einem kurzfristigen Engagement bei den Nazis kontaminierten Vergangenheit geschlossen hatte. In den damals (und später) in Ungarn kursierenden Literaturgeschichten aus der DDR kam der Name Doderers so gut wie gar nicht vor. Die Verirrungen und das Fehlverhalten eines Autors kommen mir heute immer noch weitaus aufschlußreicher und interessanter vor als die Tugenden seiner Kritiker, die sich, um ein Wort Doderers zu gebrauchen, moralisch »aufbersteln« – aber mit dieser Einsicht konnte ich bei einem mir unbekannten Publikum kaum beginnen, um Werbung für einen komplizierten Autor zu machen, der mit einem ideologischen Verdikt keineswegs in den Abgründen der Literaturgeschichte versenkt werden sollte. Erfreulich war in der Diskussion, daß trotz Wahrung eines Respektabstandes das Interesse dem Erzähler Doderer galt, und sich das Bedürfnis, dem Autor und mir als dem Referenten eins auszuwischen, überhaupt nicht regte. Zudem hatte ich ein Atout in der Hinterhand: Die Magyarophilie Doderers, zu der er sich immer wieder bekannte, und die in ihrem bedenklicheren Teil etwas Männerbündlerisches an sich hat, aber doch auch in einer sorgsamen Beobachtung der Schönheiten Ungarns ihren Ausdruck und in einem Hymnus auf die Stadt Budapest als Einleitung zur Kurzgeschichte »Ein sicherer Instinkt« ihren Höhepunkt findet. Auch in der »Strudlhofstiege« hat Doderer durch eine differenzierte Beschreibung der Stadtteile Budapest seine Reverenz erwiesen: Da geht es auch um die »Ernstfall-Gegenden« der Hauptstadt, wo auch die Spitäler sind – in einem solchen stirbt Etelka Stangeler, die durch Gift ihrem Leben ein Ende bereiten wollte. Erfreuliches Resultat dieses Besuches: Über die Literatur konnte man ins Gespräch kommen. Es war nicht erforderlich, sich Exkurse über die fortschrittliche Literatur der Arbeiterklasse und den erfolgreichen Kampf gegen den Faschismus anhören zu müssen. In der Folge wurden die Begegnungen mit den Kollegen in Budapest häufiger. So gab es eine Tagung über Ödön von Horváth (1981). Auch die sogenannte ›Gemischte Kommission‹ der beiden Akademien der Wissenschaften ermöglichte manche Begegnung. Besonders im Gedächtnis blieb mir eine Tagung in Pécs noch vor der Wende im Jahre 1989, in angenehm lockerer Atmosphäre und vornehmer Umgebung.

7.

Diese Foren waren eine gute Vorbereitung für das, was auf die Wende folgen sollte: Das Jahr 1989 war auch eine Herausforderung für die österreichische Germanistik, vordergründig für den Zweig Deutsch als Fremdsprache, aber vor allem für eine Wissenschaft, die sich nicht nur als traditionsbewußte Philologie verstehen wollte, sondern auch kulturpolitische Aktivitäten zu setzen hatte. Nur zögerlich meldeten sich ungarische Studenten an, um in Wien zu studieren; das wurde erst intensiver ab 1993, als gezielte Stipendienaktionen bessere Voraussetzungen schufen. Nun ist der Anteil der Kollegen aus den »Reformländern« bereits beachtlich. Gerade ihnen muß die besondere Aufmerksamkeit der österreichischen Germanistik gelten, die allerdings nicht von einer patriotischen Hurrastimmung getragen sein darf, sondern vielmehr von der Notwendigkeit ausgehen sollte, die Inhalte und die Methoden der Vermittlung zu prüfen. An den Universitäten Pécs, Szeged, Debrecen und in Budapest gab es 1993 immer volle Häuser bei Vorträgen. Wie allerdings, ja ob überhaupt die Studierenden von diesen Veranstaltungen profitieren konnten, wird sich nicht ganz klären lassen. Daß freilich die Literaturwissenschaft zurückstehen muß hinter den vielen anderen Bedürfnissen, die beim Fremdsprachenstudium zu befriedigen sind, ist einsehbar; die Frage, ob nicht gerade durch Vermittlung von Literatur der »Bildungstransfer« wirksamer und schneller erfolgt als durch eine Sprachdidaktik, die Literarisches im besten Falle marginal instrumentalisiert, sei hier aber zumindest zur Diskussion gestellt. Gute Literatur erschließt sich vergleichsweise schnell, auch wenn die Studierenden keineswegs sprachlich so firm sind. Wer Phantasie hat, wird sich schnell auch in die Literatursprache einlesen können und so viel rascher das Besondere des Anderen erfahren. Um es überspitzt zu formulieren: Ich unterhalte mich lieber mit jemandem, der nur gebrochen Deutsch spricht, über Rilke und Thomas Bernhard, als mit jemandem, der mir in glänzendem Deutsch Leitartikel aus der Tagespresse vorsagt. Dies sei mit Blick auf eine Tendenz festgehalten, die vor allem in Frankreich bedrohlich Überhand zu gewinnen sucht und den Unterricht im Fach Deutsch allenfalls als eine Einführung in die *civilisation* des Nachbarlandes auffaßt. Für die Literatur gilt freilich auch das, was für die Musik gilt: Wer Ohren hat, der höre, und wer sie nicht hat, dem werden sie kaum wachsen. Erforderlich ist es allerdings, Literaturwissenschaft nicht mehr als einen Gegenstand zu betreiben, der den innerösterreichischen Bedürfnissen Genüge tut, sondern sich über Themen zu verständigen, die über die Grenzen einer Regional- oder Nationalliteratur hinaus behandelbar sind. Gerade die Auseinandersetzung mit ungarischen Kollegen könnte hier zu einem wichtigen Prüfstein für die Möglichkeiten werden, die neuere österreichische Literatur hat. Auf Grund eigener Erfahrungen denke ich von diesen Chancen nicht gering, denn die Sprachbezogenheit einiger Autoren wie Handke oder Jandl eröffnet viele Perspektiven in sprachdidaktischer wie auch literaturtheoretischer Hinsicht. Ich weiß, es ist vermessen, aber ich erhoffe die allmähliche Befreiung der Literatur aus der babylonischen Gefangenschaft der Thementyrannis. Gerade die Neigung vieler ungarischer Studenten zu einem spezifisch theoretisch orientierten Diskurs könnte zahlreiche Einstiegsmöglichkeiten bieten und stimulierend auf das Gespräch wirken. Das läßt sich freilich nicht durch Vortragsreisen erreichen, denn diese leisten noch weniger als die redensartliche Gießkanne. Fruchtbringend ist vor allem die Arbeit der österreichischen Lektorinnen und Lektoren, die vor Ort ihre eigene Ausbildung vervollkommnen, vom Gastland lernen und durch Eigeninitiativen viel zu einer kontrastiven Profilierung der ungarischen und österreichischen Germanistik beitragen können. Ungarn ist für Germanisten neben Frankreich und Italien wohl das Land, in dem auch das Kollektiv der Lektoren Umrisse gewinnen konnte und kann. In Zeiten, da es um die Arbeitsmöglichkeiten für den begabten wissenschaftlichen Nachwuchs sehr schlecht bestellt ist, stellen die Lektorate im Ausland eine der wenigen Möglichkeiten dar, über das Magisterium und die Dissertation hinaus auf wissenschaftlichem Gebiet weiterzuarbeiten.

8.

Der Fall Ungarn könnte zu einem Prüfstein werden, ob die Germanistik in Österreich auch in der Lage ist, der Herausforderung, die sich aus dem Jahr 1989 und seinen Erfolgen ergab, erfolgreich zu begegnen. 1992 wurde die ›Österreichische Gesellschaft für Germanistik‹ gegründet, deren Hauptaufgabe es ist, das Fach im In- und Ausland in Forschung und Lehre zu repräsentieren. Eines der wichtigsten Ziele besteht darin, für die Forscher aus den »Reformländern« eine Anlaufstelle zu bieten, Fachkontakte zu vermitteln und durch Tagungen in Abständen von höchstens zwei Jahren ein Forum für die Diskussion aktueller Probleme sowohl im Bereich der Wissenschaftsorganisation als auch auf theoretischem Gebiet zu bieten. Diese Tagungen werden von Germanisten aus Ungarn gerne besucht, und daß 1997 die Jahrestagung zum ersten

Mal im Ausland – und zwar in Pécs – stattfand, ist sichtbarer Ausdruck dieses Willens zur Kooperation: Sie wurde mit Unterstützung des Österreichischen Kulturinstituts in Budapest und mit tatkräftiger Hilfe österreichischer Lektoren vom Institut für Germanistik an der Universität Pécs splendid organisiert. Zudem betreut die ›Österreichische Gesellschaft für Germanistik‹ seit 1997 die Werfel-Stipendiaten. Diese erhalten für die Vorbereitung ihrer Habilitationsschrift, die sich mit einem Bereich der österreichischen Literatur zu befassen hat, ein Stipendium in der Länge von maximal achtzehn Monaten; überdies werden sie nach Ablauf dieses Stipendiums für den Zeitraum von fünfzehn Jahren alljährlich zu einer wissenschaftlichen Tagung nach Österreich eingeladen und bekommen zudem in Dreijahresabständen ein einmonatiges Stipendium für Forschungsarbeiten in Österreich. Diese vergleichsweise großzügige Förderung soll eine dauerhafte Bindung an die österreichischen Forschungsstätten und auch eine Kontinuität der Lehre im Bereich der österreichischen Literatur an den Heimatuniversitäten gewährleisten. Daß die Stipendiaten auch wissenschaftliche Leistungen erbringen, soll durch ein Publikationsorgan mit dem sinnigen Titel »Musa Dagh« manifest werden. Es sind in der kurzen Zeit so viele Beiträge eingelangt, daß eine Nummer mühelos gefüllt werden und in absehbarer Zeit erscheinen kann.

9.

Die hier kurz angedeuteten Tatsachen und Projekte lassen hoffen. Vieles, was heute den vertrauten Gang der Organisationen geht, wurde von einzelnen Persönlichkeiten ohne offiziellen Auftrag aus Einsicht in die Notwendigkeit in die Wege geleitet. Zu ihnen gehören nicht nur viele

Beamte des Unterrichts-, Wissenschafts- und Außenministeriums, die nicht bloß ihre Pflicht tun, sondern auch Kolleginnen und Kollegen, die Stipendiaten betreuen, vor allem die Lektoren, auf deren Schultern neben der Alltagsarbeit auch die Verpflichtung lastet, Österreich zu repräsentieren. Die Österreich-Bibliotheken gehören in diesem Zusammenhang erwähnt, und da Bücher – bis auf weiteres – das wichtigste Rüstzeug des Philologen sind, kommt dieser Einrichtung eine wichtige Funktion zu. Zu wünschen ist nur, daß der Schwung erhalten bleibe, wenn alles seinen Platz im institutionellen Rahmen erhalten hat.

10.

In meinem literaturwissenschaftlichen Seminar sind derzeit mehr als ein Drittel ausländische Hörer, von denen wiederum der überwiegende Teil aus den »Reformländern« kommt. Das ist ein höchst erfreuliches Zeichen, nicht zuletzt, weil es unsere germanistische Praxis mit Blick auf das Publikum zusehends aus der nationalstaatlichen Beschränktheit herauszuführen vermag. Darunter sind auch einige Studenten aus Ungarn. Ich habe immer meine Zweifel gehabt, wenn wortreich Mitteleuropa beschworen wurde und von Multikulturalität die Rede war. Die gegenwärtige Praxis der Germanistik lehrt mich, daß weder das eine noch das andere ein leerer Wahn ist, sondern sehr wohl von Mitteleuropa jenseits sinistrer propagandistischer Praktiken – wie von Multikulturalität jenseits des kulturwissenschaftlichen Konversationsgeflüster – die Rede sein kann und muß. Es war auch die Beharrlichkeit Leslie Bodis, des aus Ungarn stammenden Germanisten, die mich umdenken ließ. Durch seine Herkunft wie durch seine Tätigkeit im wahrhaft multikulturellen Melbourne ist er mit solchen Konstellationen vertraut und verfügt über Einsichten, die den unseren um Jahre voraus sind. Er hätte 1997 die Eröffnungsrede bei der Tagung in Pécs halten sollen und eben diese neuen Aufgaben der Germanistik in beiden Ländern umreißen sollen. Er mußte absagen, weil ihm just zur selben Stunde die Budapester Universität das Ehrendoktorat verlieh.

11.

Viel war die Rede von den österreichischen Aktivitäten in Ungarn. Den Ausdruck »Kulturoffensive« möchte ich vermeiden, enthält er doch allemal ein aggressives Moment und läßt auch die Vermutung zu, daß es sich um ein geordnetes Vorgehen handelt. Was fehlt, ist die Antwort aus Österreich auf die Leistungen Ungarns in der Literatur. Zwar stehen Autoren wie György Konrád, Imre Kertész, István Eörsi und Péter Esterházy in hohem Ansehen; ihre Bücher sind übersetzt und werden gelesen. Doch müßte der Austausch tiefer gehen. Das Angebot, die Sprachen unserer Nachbarländer zu erlernen, sollte intensiver sein und intensiver wahrgenommen werden, und da stünde das Ungarische obenan. Beschämend die Selbstverständlichkeit, mit der hierzulande vorausgesetzt wird, daß unsere Gäste aus Ungarn sich deutsch ausdrücken und ihre Vorträge in Deutsch halten. Und ich bekenne: Auch mein Ungarisch hat sich seit den drei Stunden an der Grenze im Jahre 1973 nicht merklich verbessert.

BERNHARD FETZ, KLAUS KASTBERGER,
EDIT KIRÁLY, DÁNIEL LÁNYI

Szigliget – gegen den Strich

Interkulturelles Seminar zur Literatur des 20. Jahrhunderts: Zwei Erfahrungsberichte

Im Haus der ungarischen Schriftsteller in Szigliget findet seit 1996 jeweils im Mai ein mehrtägiges Blockseminar statt, welches zur ungarischen und österreichischen Literatur des 20. Jahrhunderts einen interkulturellen Zugang versucht. Dieses Seminar ist eine Gemeinschaftsveranstaltung der Germanistischen Institute der Universität Wien und der Budapester Eötvös-Loránd-Universität und an beiden Instituten in den Lehrbetrieb integriert. Finanziell wird die Veranstaltung von der Soros-Stiftung, dem österreichischen Kulturinstitut in Budapest und der Aktion Österreich-Ungarn unterstützt.

Ausgangspunkt unserer Überlegungen war es, die Begegnung ungarischer und österreichischer Studenten auf einer gleichberechtigten und gleichwertigen Ebene erfolgen zu lassen. So wird das Konzept von ungarischer und österreichischer Seite jeweils gemeinsam erarbeitet, es nehmen gleich viele österreichische und ungarische Studenten teil, gleich viele österreichische und ungarische Bücher werden besprochen; gemischte Referatsgruppen bereiten sich gemeinsam auf ihre Vorträge vor; auf Teamwork, Beteiligung der Studenten und eine möglichst offene und breite Diskussion der Texte wird großer Wert gelegt: Dabei hat sich gezeigt, daß wechselnde Diskussions- und Präsentationsformen zur Dynamik des Seminars wesentlich beitragen. Es kommt zu einem ständigen Wechsel zwischen Kleingruppen unter Beteiligung eines Seminarleiters und zwei Großgruppen, die von einem Österreicher und einem Ungarn gemeinsam geleitet werden. Die abschließenden Plenumsdiskussionen bieten dann die Möglichkeit, Differenzen und Übereinstimmungen nochmals zu thematisieren. Ausgangspunkt der Textarbeit sind lektüreleitende Fragen, die von den Referatsgruppen in Zusammenarbeit mit einem der Seminarleiter erarbeitet werden.

Bislang hat die Veranstaltung viermal stattgefunden. Dabei wurde mit *Sprache Macht Gewalt*, *Geschlossene Welten*, *Krankheit in der Literatur* und *Chronik der laufenden Ereignisse* jeweils ein thematischer Rahmen vorgegeben. An Texten wurden u. a. folgende Werke besprochen: Franz Kafka: »In der Strafkolonie«, Elias Canetti: »Masse und Macht«, Albert Drach: »Untersuchung an Mädeln«, Hans Lebert: »Die Wolfshaut«, Konrad Bayer: »Der Kopf des Vitus Bering«, Imre Kertész: »Roman eines Schicksallosen«, Péter Nádas: »Das Buch der Erinnerung«, Miklós Mészöly: »Rückblenden«, Christoph Ransmayr: »Morbus Kitahara«, Josef Winkler: »Muttersprache«, Hermann Ungar: »Die Verstümmelten«, Thomas Bernhard: »Verstörung«, Ingeborg Bachmann: »Der Fall Franza«, Dezső Kosztolányi: »Anna«, Géza Csáth: »Muttermord«.

Neben der puren Wissensvermittlung kommt durch die Organisationsform des Seminars die interkulturelle Dimension zum Tragen. So sorgt die Gegenüberstellung unterschiedlicher Sichtweisen auf die Literatur des eigenen und/oder anderen Landes immer wieder für interessanten Diskussionsstoff und auch die unterschiedlichen Verfahren in der Interpretation von Texten, wie sie an den beiden Universitäten üblich sind, sorgen für Abwechslung.

Zu erstaunlichen Einsichten für die österreichische Seite hat beispielsweise die Interpretation des Buches eines aus Siebenbürgen stammenden Autors geführt: Und zwar von Ádám Bodors epochalem Roman: »Schutzgebiet Sinistra«, der 1994 auf deutsch erschienen ist. Das Schutzgebiet Sinistra ist eine imaginäre Gegend an einem gleichnamigen Fluß irgendwo in den Karpaten; halb Naturpark voll Wacholder, Fichten und Kiefern, halb eine Strafkolonie im Kafkaschen Sinn, Brutalität und Idylle gehen hier eine seltsame Verbindung ein. Das Buch besteht aus einem Kranz aus Novellen, in denen (zumindest für den westlichen Geschmack) die absurdesten Figuren agieren und die unglaublichsten Dinge passieren, beispielsweise die vollständige Einbetonierung eines Menschen in eine Erdhöhle, die trotz aller Grausamkeit dennoch mit einem gewissen Charme vor sich geht.

Ausgehend von der Ambivalenz des Textes haben sich im Seminar sogleich zwei Interpretationsrichtungen gebildet: Die Österreicher wollten Bodors Geschichten gerne in ihren realistisch-politischen Aussagen sehen; als eine direkte Anklage der siebenbürgischen Verhältnisse oder als Allegorie eines totalitären Systems. Die Ungarn erkannten in der absurden Verstiegenheit, die die Österreicher dem Text attestierten, zwar auch die Situation, die in Siebenbürgen geherrscht hat. Allerdings legten sie in ihrer Interpretation des Textes nicht auf die Anklage der Verhältnisse Wert, sondern darauf, daß diese Verhältnisse vom Autor in einer ästhetisch perfekten Form und auch mit Witz dargestellt wurden.

Bei der Lektüre eines Textes von Thomas Bernhard kehrte sich dieses Zusammenspiel von ästhetischer und politischer Sichtweise bemerkenswerterweise genau um.

Hier betonten nun die Österreicher die Tendenz zur Übertreibung und zu formalen Überhöhungen, und konnten darauf aufbauend dem Text auch die entsprechend komischen Seiten abgewinnen, während für die Ungarn hier dann doch die Auseinandersetzung mit der realpolitischen Situation Österreichs im Vordergrund stand.

Man kann aus diesen beiden kleinen Beobachtungen vielleicht doch eine ins Allgemeine weisende Tendenz ableiten: Offenkundig erhofft man sich von der Literatur des jeweils anderen Landes immer einen deutlichen und klar erkennbaren Hinweis auf die reale Verfaßtheit dieses Landes, während man diesen grundlegenden Konnex zwischen Literatur und Wirklichkeit bei heimischen Büchern soweit internalisiert, daß sich die Interpretation hier auch für anderes öffnet: für die ästhetische Struktur des Textes und für die Zwischentöne, die darin angelegt sind.

Auf ganz andere Weise haben wir die Diskussion von Christoph Ransmayrs Roman »Morbus Kitahara« als Modellfall empfunden. Deutlich wurde, wie vor einer ästhetischen und moralischen Bewertung des Textes die Interpretationsweisen selbst bewußt gemacht werden müssen. Von einer genauen Analyse der metaphorischen Struktur ausgehend, kam es zu einer kontroversen Diskussion der Frage, was in der Literatur als Kitsch zu bezeichnen wäre. Und erst hier schloß sich die Frage nach der Legitimität eines narrativen und metaphorischen literarischen Verfahrens bei der Darstellung historischer Gewaltverhältnisse an. Neben der Einsicht, daß ästhetische Gebilde niemals erschöpfend erklärt werden können, wurde doch so etwas wie ein kollektiver Erkenntnisfortschritt für die meisten Teilnehmer spürbar – bei Fortbestehen unterschiedlicher Bewertungen des Romans.

Dabei spielen natürlich immer auch gruppendynamische Prozesse eine Rolle. Spürbar wird dies etwa an den unterschiedlichen Erfahrungen, die österreichische Studenten mit einer Massenuniversität machen und dem sehr viel persönlicheren Zugang, den ungarische Studenten zu ihrem Institut haben. Aber gerade in der Austragung solcher Differenzen kann Szigliget vielleicht als akademisches Alternativmodell gelten: Die Zuweisung von Sinn ist ein sozialer, historischer und kultureller Prozeß, was in offenen Diskussionsformen viel eher begreifbar wird als im akademischen Alltag. Dadurch relativieren sich kulturelle Differenzen auch wieder, indem sich jeder der Voraussetzungen des anderen bewußt wird.

(B. F., K. K.)

Als ein Modell alternativer akademischer Erfahrung kann das Szigliget-Seminar vor allem durch seine intellektuelle Intensität gelten. Ein Vorzug, der hauptsächlich einigen ganz und gar unakademischen Umständen zu verdanken ist, dem Ort etwa oder der gemeinsam verbrachten Zeit. In den vier Tagen wird nicht nur im Rahmen der vorgegebenen Lehr- und Lernveranstaltungen gearbeitet, sondern werden auch Mahlzeiten gemeinsam eingenommen, Gespräche beim Mittagessen, bei Spaziergängen und beim abendlichen Billardspielen fortgeführt; Sinn wird auch über die Sinne mitgestiftet.

Hierbei ist das Esterházy-Schloß in Szigliget auch als Ort der Inspiration anzusehen. Diese Stätte der ungarischen Literatur, wo das ganze Jahr über literarisch gearbeitet wird, repräsentiert einige Jahrhunderte ungarischer Geschichte. Vom barocken Schlößchen bis zur literarischen Arbeitsstätte hat es sich eine Vergangenheit bewahrt, so daß es eine Autonomie gegen jede Art von geistiger und gegenständlicher Kolonisation dem späten Besucher überzeugend vor Augen führt. Im Schloß, das nach 1945 verstaatlicht wurde und später in den Besitz des ungarischen Schriftstellerverbandes übergegangen ist, sind in den letzten Jahrzehnten wichtige Werke der ungarischen Literatur entstanden, daran erinnert nicht nur der Stolz der Bedienung, sondern vor allem die in jedem Zimmer vorhandenen alten Schreibmaschinen.

Anders ist Szigliget aber auch wegen der vielen und vielfältigen Unterschiede, die zwischen den Teilnehmern bestehen. Es ist nicht nur der Kontrast zwischen einsamer Konzentration und Gruppendynamik, sondern auch der zwischen Lehrenden und Studierenden, Lesern und Leserinnen, Österreichern und Ungarn, was den besonderen Reiz der vier Tage ausmacht. Wobei es im Seminar – dem größerem »Internationalismus« der Wiener Universität sei dafür gedankt! – auch Schweizer, Deutsche und Tschechen gab! Das alles sorgte für Momente der Hochspannung, für ein Zusammenblitzen und auch immer wieder für die gemeinsame Begeisterung.

Unter Umständen auch für Entgleisungen. Diese schienen trotz sorgfältiger Planung fast unvermeidlich. Die Aufgeladenheit und Fragilität der Situation führte immer wieder zu Krisen, aber auch zu kathartischen Momenten. Es sei hier nur eine, allerdings die für uns schmerzlichste und schlichtweg unheilbarste Wunde erwähnt: das Gespräch über Péter Nádas' »Buch der Erinnerung«. Ein ästhetisch wie intellektuell augenöffnendes Werk, das viele der ungarischen Studenten zu ihren erschütterndsten Lektüren zählen, dessen Besprechung aber zu einem völligen *deadlock* führte. Es ist uns bis heute nicht ganz klar, warum dieses Buch einen Teil der Wiener Studenten solchermaßen irritierte. Aus Gesprächsmosaikstücken scheint hervorzugehen, daß es nicht so sehr das tabuisierte Thema war, das für die Abwehr gesorgt und bei einigen auch zu einer völligen Aufkündigung der Lektüre geführt hatte, sondern eher das Schreibmuster, das ästhetische Filigranwerk. Da die tabubrechenden Beschreibungen von Körperlichkeit bei anderen Autoren, etwa bei Josef Winkler, auf überhaupt keinen Widerstand gestoßen waren, vermuten wir, daß bei Nádas' großem Roman gerade die Formharmonie, der nicht aufgebrochene Stil manche mißmutig stimmte. Da dieser nicht entfremdend wirkt, wird auch das Beschriebene nicht wegschiebbar, man ist entweder drin – oder bleibt draußen. Mit Sicherheit hat aber der Umfang des Romans ein didaktisches Problem dargestellt, sodaß einer uninteressierten bis feindlichen Rezeptionshaltung nicht beizukommen war.

Als erfreulicher Gegenpol drängt sich die Besprechung von Imre Kertész' »Roman eines Schicksallosen« auf. Es gehörte gewiß zu den großen Erfolgen des Seminars, daß wir in diesem Fall nicht der Versuchung unterlagen, von der thematischen und moralischen Ebene verblendet zu werden, sondern den Blick der Rhetorik, der Machart des Textes zuwandten.

Die Diskussionen haben auch die unmittelbare Berührung zwischen Verstehen und Übersetzen klar vor Augen geführt. Es erübrigt sich zu sagen, wie stark wir während dieser Seminare der Tätigkeit der Übersetzer verpflichtet waren und wie oft technische wie auch tiefergreifende Fragen des Metiers dabei zur Sprache gekommen sind.

Es gehört gewiß auch zu den Erkenntnissen unseres Unternehmens, daß die Beschreibung der Rezeption nicht in einer Typologie entlang der Grenzen aufgehen kann. Verstehen ist eine individuelle Angelegenheit, in der die persönliche Geschichte, Belesenheit und Empfindlichkeit des einzelnen Lesers (und nicht in erster Linie der Paß) den Zugang zu einzelnen Werken öffnet oder versperrt.

Anders ist Szigliget schließlich deshalb, weil es im platonschen Sinne des Wortes ein Symposium ist, eine Einladung an alle seine Teilnehmer zur Aufnahme von verschiedenen Gütern wie Büchern, aber auch Speisen. Das gemeinsame Agieren und das Schloßdasein wirkt dabei nicht nur stimulierend, sondern bedeutet auch eine immense intellektuelle Beanspruchung – paradigmatisch ist in dieser Hinsicht der Ausruf einer Studentin über das Abendprogramm: »Egal was, nur raus aus dem Schloß!« – und Regelsetzung, durch die gleichzeitige Präsenz von vier Lehrenden auch: fachliche Kontrolle.

Doch mögen die fachlichen Vorzüge dabei noch so zahlreich sein, angefangen bei der Vielfalt der Methoden bis hin zur Intensität der Veranstaltung, so ist damit ganz gewiß nicht erfaßt, was sich als Wichtigstes über Szigliget sagen läßt, nämlich daß das Fest des Verstehens nur dadurch entsteht, daß es immer wieder begangen wird.

(E. K., D. L.)

KÁROLY CSÚRI, CHRISTIAN OBERWAGNER,
ROBERT STEINLE

Geographisch zwar am Rand, aber keinesfalls im Eck
Der Österreich-Lehrstuhl in Szeged

Von westlicher Seite war die Bundesrepublik Deutschland mit ihrem großzügigen Stipendienprogramm sowie Bücherspenden und anderen Vermittlungstätigkeiten im Wissenstransfer – trotz großer Schwierigkeiten – immer schon in Ungarn präsent, beim Umbruch 1989 jedoch reagierte die bislang weniger aktiv agierende österreichische Kulturpolitik am schnellsten in Form einer umfassenden Strategie auf allen Gebieten. Im Zuge dieser Neuorientierung entsandte man nicht nur eine beträchtliche Zahl von Lektoren, sondern rief auch ein großzügiges Stipendienprogramm durch die Stiftung der Aktion Österreich-Ungarn ins Leben. Ein wesentlicher Aspekt des Programms dieser Kulturpolitik bedeutete die Errichtung von Österreich-Bibliotheken in Ungarn, die die Grundlage für vielseitige wissenschaftliche und kulturelle Aktivitäten schaffen sollte. Dieses Vorhaben stand auch mit einer Akzentverschiebung in der germanistischen Lehre und Forschung an den Universitäten in Ungarn im Einklang, so vor allem mit der wissenschaftlichen Tätigkeit an der Universität Szeged.

Der hiesige Lehrstuhl für Deutsche Sprache und Literatur veranstaltete seit 1990 jährlich wissenschaftliche Konferenzen, die die österreichische Literatur zu ihrem Thema gemacht haben und deren Materialien in einer Vielzahl von Veröffentlichungen und Sammelbänden herausgegeben wurden. Mit der Etablierung einer Österreich-Bibliothek einerseits und der Lehrtätigkeit von Lektoren und Gastprofessoren andererseits schien die wissenschaftliche Infrastruktur möglicher Spezialisierung innerhalb der Germanistik in jeder Hinsicht gesichert. Zu den Buchbestellungen und der weiteren finanziellen Förderung von Symposien kam auch die neue Möglichkeit von Kurzstipendien bei der österreichischen Gesellschaft für Literatur in Wien hinzu, so daß damit die Grundlagen für die institutionalisierte Pflege und Vermittlung österreichischer Literatur und Kultur gelegt waren.

Politisch trug dieses Projekt zum Prozeß der Demokratisierung im universitären Bereich und zur Verbreitung österreichischen Geistes- und Kulturguts im ideologisch immer noch stark abgeriegelten Ungarn bei. Eine wesentliche Rolle spielte dabei, daß nicht wie in den 70er bzw. 80er Jahren nur vereinzelt Büchersendungen an der Universität Eingang fanden: Mit der Errichtung der Österreich-Bibliothek in Szeged und durch die darauf folgende regelmäßige Aktualisierung des Bücherbestandes konnte sich ein geistiges, kulturelles und wissenschaftliches Zentrum herausbilden, das nicht nur die Studenten der Germanistik nutzen, sondern das innerhalb der Stadt und der Region von allen Interessenten frequentiert werden kann.

Die Schlüsselstellung von Österreich und Ungarn im Kontext der europäischen Integrationsbemühungen war und ist in dieser Region um Szeged eindeutig. Die vorhandenen und immer stärker werdenden wirtschaftlichen Beziehungen mußten aber auch im Bildungs-, Wissenschafts- und Kulturbereich durch Institutionalisierungen flankierend unterstützt werden. Der Prozeß der Osterweiterung der Europäischen Union wird nicht zuletzt durch diese Maßnahmen mit einiger Sicherheit erleichtert. Gerade für die nähere Zukunft werden diese in ihrer Funktion als eine Art Pfeiler für den weiteren Brückenbau wirksam werden.

Die heranbildende und zugleich vermittelnde Funktion von universitären Institutionen wie der des Lehrstuhls für Österreichische Literatur und Kultur in Szeged ermöglicht angehenden Lehrern und Wissenschaftlern, sich mit kulturellen und sprachlichen Wissensbereichen auseinanderzusetzen und vertraut zu machen. Die Erweiterung des Instituts für Germanistik durch den Österreichischen Lehrstuhl zeigt das große Interesse, neben der deutschen Kultur verstärkt auch die österreichische als solche wahrzunehmen. Durch ein so erweitertes Angebot eröffnet sich die Möglichkeit, ein breiteres Spektrum an österreich-spezifischen Lehrveranstaltungen für die Studentinnen und Studenten anzubieten. Von studentischer Seite zeigt sich das unter anderem durch die ständig wachsende Zahl von Abschlußarbeiten, die sich mit österreichischer Literatur und teilweise auch mit linguistischen Themen zur Sprache in Österreich beschäftigen. Diese erfahren insofern eine zusätzliche Unterstützung, indem den StudentInnen durch Stipendien der Aktion Österreich-Ungarn die Möglichkeit von Sprachkursen einerseits und auch längeren Aufenthalten zu Studienzwecken andererseits gesichert wird. Ein Teil der hier ausgebildeten Lehrer und Wissenschaftler könnte somit künftig als kultureller Multiplikator im Sinne Österreichs in einem gemeinsamen und für ein geeintes Europa fungieren.

Als Ergebnis der glücklichen Konstellation der umrissenen politischen, kulturpolitischen, wissenschaftlichen sowie historisch-kulturellen Faktoren entstand 1993 der Lehrstuhl für Österreichische Literatur und Kultur in Szeged. Natürlich waren und sind es in den Augen der Studierenden nicht die großangelegten Pläne, die ehrgeizigen Zielsetzungen oder die pathetischen Worte über irgendein kulturpolitisches Sendungsbewußtsein, die eine funktionierende Institution rechtfertigen und legitimieren könnten. Überzeugender ist es, wenn einem während des Studiums in der Tat ermöglicht wird, sich ein spezifisches und nutzbares Wissen über Sprache, Literatur und Kultur in Österreich anzueignen, das den meisten anderen in dieser Form nicht zugänglich gemacht wird. In der Tat trägt ein immer lückenloser werdendes Angebot vor allem im Bereich der Literatur des 19. und 20. Jahrhunderts, dessen Realisierung auch durch die regelmäßige Anwesenheit österreichischer Gastprofessoren qualitativ unterstützt wird, dazu bei, daß hier schon von Kontinuität in Lehre und Forschung gesprochen werden kann. Daneben hat sich auch die österreichische Landeskunde neben der deutschen ihren festen Platz im Curriculum der hiesigen Lehrerausbildung gesichert. Dazu fanden vom Lehrstuhl organisierte und seitens Österreichs unterstützte »Österreich-Exkursionen« statt. Im Bereich der Linguistik sowie dem Lehrgang »Übersetzer- und Dolmetscherausbildung« tragen Veranstaltungen vor allem zu Themen des österreichischen Deutsch im Sinne einer plurizentrischen Sprachauffassung ergänzend und erweiternd bei.

Somit kann man sagen, daß in allen Teilgebieten der Forschung und der akademischen Lehre die österreichische Sprach-, Landeskunde und Literatur voll inhaltlich vertreten ist und so die Dreiteilung des Germanistischen Instituts in Szeged in Deutsche Literatur, Linguistik und Österreichische Literatur und Kultur unterstrichen und gerechtfertigt wird.

Bereits kurz nach der Wende wurden die ersten Grundsteine für eine spätere, intensivere Zusammenarbeit in Form diverser Veranstaltungen wie etwa einem Vortrag des bekannten, österreichischen Historikers Manfred Rauchensteiner über »Die österreichische Politik nach 1945«, einer Ausstellung über Joseph Roth oder auch der Filmwoche zur österreichischen Literatur mit Verfilmungen von Grillparzer, Raimund, Nestroy und Doderer gelegt.

Ein Jahr später, im Jahr der Gründung der Österreich-Bibliothek wurde die kulturelle Zusammenarbeit durch Vorträge wie etwa den von Prof. Josef Strelka über »Jung-Wien« und die Abhaltung eines internationalen Werfel-Symposiums weitergeführt.

Ebenso noch in die Zeit vor der Gründung des Lehrstuhls für Österreichische Literatur und Kultur fallen Veranstaltungen wie eine Grillparzerausstellung mit einem Eröffnungsvortrag von Prof. Kurt Klinger und ein Internationales Symposium mit dem Titel »Österreichische Literatur nach 1945«, bei dem neben namhaften österreichischen Germanisten und Schriftstellern, wie Friedbert Aspetsberger, Klaus Zeyringer, Christoph Zanon, Ulrike Längle u.a. auch junge ungarische GermanistInnen die Möglichkeit der Nutzung eines wissenschaftlichen Forums bekamen.

Die bis zu diesem Zeitpunkt noch gelegentlich vom Engagement einzelner Personen getragenen Veranstaltungen erhielten durch die Gründung des Österreich-Lehrstuhls 1993 einen festen Platz im Rahmen des kulturellen und literarischen Austausches der beiden Länder. Noch im gleichen Jahr fanden mehrere Vorträge, wie die von Prof. Wendelin Schmidt-Dengler (»Die Österreichische Literatur nach 1945 – Ein Überblick«), Prof. Sigurd P. Scheichl (»Leo Perutz«) oder Prof. Klauser (über Marie von Ebner-Eschenbach), statt. Eine mehrwöchige Ausstellung über »Exil und Literatur«, ein Symposium zu »Formen religiöser Literatur in Österreich von 1848 bis 1955« sowie eine Theateraufführung des Nestroy-Stückes »Das Mädl aus der Vorstadt« dokumentieren gleichsam die nunmehr möglich gewordene Ausweitung österreich-spezifischer Themen. Die Inszenierung von dramatischen Texten österreichischer Autoren, die damit begann, wurde punktuell mit Theateraufführungen von Nestroys »Der Talisman« und Werfels »Jakobowsky und der Oberst« fortgesetzt. Der Erfolg dieser bereits zu einem festen Bestandteil gewordenen Tradition, zu der auch kleine Tourneen innerhalb Ungarns gehören, führte letztendlich sogar dazu, daß in anderen Städten inszenierte Stücke österreichischer Autoren wie Jura Soyfers »Weltuntergang« auch den Weg nach Szeged fanden.

Im wissenschaftlichen Bereich wurden regelmäßig abgehaltene Symposien zu einem wichtigen Faktor innerhalb des Lehrstuhls. Jährlich trafen und treffen sich Wissenschaftler aus ganz Europa, um an einem fachlichen Austausch zu österreich-spezifischen Themen teilzunehmen und eine schon vor der Gründung des Österreich-Lehrstuhls begonnene Zusammenarbeit in diesem Sinne fortzusetzen und zu festigen. Die Themenvielfalt erstreckte sich dabei von autorenspezifischen Veranstaltungen wie die zu Georg Trakl, Franz Werfel und Hermann Broch über länder- und epochenübergreifende Beiträge, wie es das Symposium mit dem Titel »Kaiser Franz Joseph I. als literarische Gestalt in den Literaturen der k.u.k. Monarchie und der Nachfolgestaaten« dokumentiert, zu dem vor allem Vortragende aus eben diesen Ländern eingeladen waren. Die Vorgabe einer angestrebten interkulturellen Verständigung mit den Nachbarstaaten wird somit auch praktisch eingelöst.

Zur Erweiterung des Lehrangebotes für die StudentInnen tragen einerseits von österreichischen Gastprofessoren gehaltene Seminare und Vorlesungen, wie – um nur einige Beispiele zu nennen – die Gastdozenturen von Prof.

Alfred Doppler aus Innsbruck zu dem Thema »Österreichische Erzähler des 20. Jahrhunderts« und von Prof. Wolfgang Wiesmüller über »Österreichische Lyrik im 20. Jahrhundert«, andererseits Autorenlesungen junger österreichischer SchriftstellerInnen, wie z. B. Arno Geiger, Helga Glantschnig, Klaus Händl bei. Als Teil von hierzu angebotenen Seminaren wird somit die Konfrontation mit zeitgenössischer Literatur für die StudentInnen lebendig. Daran anschließend wird im Rahmen von Übersetzungsseminaren neuere österreichische Literatur, wie Christoph Ransmayr u.a. herangezogen und ins Ungarische übertragen, wodurch neben der praktischen Arbeit an der Sprache auch die interkulturelle Auseinandersetzung gefördert wird.

Die Hinwendung zu österreichischer Literatur, Sprache und Kultur im allgemeinen, die durch die Tätigkeit des Österreich-Lehrstuhls vermehrt wachgerufen und gefördert wird, zeigt sich in der deutlich stärker werdenden Annahme des bereitstehenden Angebotes. Aktuelle neuere Aktivitäten, wie etwa die sich in Planung befindliche Einrichtung einer kleinen auch für StudentInnen nutzbare Österreich-Videothek sollen neben der Fortsetzung der ohnehin schon bestehenden regen Lehr- und Forschungstätigkeit das bestehende Interesse nicht versiegen lassen.

PÁL DERÉKY, ANDREA SEIDLER

Ungarische Sprache und Literatur an der Universität Wien

Im deutschen Sprachraum gibt es an insgesamt sechs Universitäten die Möglichkeit finnisch-ugrischer Studien: in Wien, München, Göttingen, Hamburg, Greifswald sowie an der Humboldt-Universität in Berlin, wo bereits zu Beginn des 20. Jahrhunderts ein Lehrstuhl für Hungarologie eingerichtet wurde. Das Profil all dieser Institute ist natürlich denkbar unterschiedlich. Das Berliner Institut ist kulturkundlich, übersetzerisch und philologisch ausgerichtet, die Hamburger Finnougristik bleibt der Sprachwissenschaft und der osteuropäischen Kultur- und Sozialgeschichte verpflichtet, Greifswald entwickelt sich zum Zentrum der Fennistik, die Lehrkanzeln in München und Göttingen werden in Kürze neu besetzt, demzufolge wird sich ihr Profil den Vorstellungen der neuen Institutsleiter gemäß vermutlich ändern.

Wie sieht nun das Institut für Finno-Ugristik in Wien aus? Unsere Studienrichtung ist die einzige ihrer Art in Österreich. An keiner anderen Universität werden Vorlesungen aus dem Fachgebiet der finnisch-ugrischen Sprachwissenschaft und der ungarischen Philologie angeboten. Nicht nur was die wissenschaftlichen Fächer betrifft, auch die das Studium unterstützenden und begleitenden Lehrveranstaltungen, wie die Sprachkurse in Estnisch, Finnisch und Ungarisch werden in dieser Intensität ausschließlich an diesem Institut angeboten. Der Umstand, daß das Wiener Institut in Österreich einzigartig ist, bringt mit sich, daß unsere Studentenzahlen seit Jahren kontinuierlich wachsen. Seit Mitte der 80er Jahre bieten wir den Studienzweig Ungarisch Lehramt an und bilden im Rahmen dessen jährlich einige MittelschullehrerInnen für die zweisprachigen Gymnasien im Burgenland aus, ein wichtiger Beitrag im Hinblick auf die Förderung der Minderheitensprachen in Österreich. Die bevorstehende Aufnahme Ungarns in die EU stellt uns vor neue Aufgaben. Einerseits werden durch die Öffnung der Grenzen und durch die Änderung der gegenwärtigen Zulassungspraxis an den österreichischen Universitäten sehr viele StudentInnen, vor allem aus Westungarn, an unser Institut kommen, andererseits werden sich auch die Aufgaben des Institutes auf dem Gebiet der Kulturvermittlung spürbar vermehren. Ein Zeichen dafür ist die verstärkte Nachfrage nach Vorlesungen und Seminaren aus ungarischer oder finnischer Philologie im Rahmen der sogenannten »Sinnvollen Fächerkombination«, daß heißt als Ergänzung zur ersten Studienrichtung, die sich mit dem Interesse für Ungarn gut – sinnvoll – kombinieren läßt. Unser Angebot wird auch von StudentInnen, bzw. DiplomandInnen und DissertantInnen aus denjenigen Ländern des ehemaligen Ostblocks frequentiert, in denen eine ungarische Minderheit lebt (die Slowakei, Rumänien, Slowenien, Kroatien und die Republik Jugoslawien). Nicht gelungen ist es uns bisher, mit dem Lehrstuhl für Ungarische Philologie an der Universität Uschgorod in der Ukraine den geregelten Studenten- und Professorentausch einzurichten. Die Ausweitung unserer wissenschaftlichen Kooperation auch auf dieses »Randgebiet« Europas bleibt aber ein Ziel unserer Einrichtung.

Durch die erfolgreiche Einbindung der Wiener Finno-Ugristik in internationale Austausch- und Forschungsprogramme (wie CEEPUS, ERASMUS, TEMPUS und

SOCRATES) besuchen uns regelmäßig HörerInnen und ProfessorInnen aus einer großen Zahl von Ländern der Europäischen Union. Auch unsere ProfessorInnen unterrichten im Rahmen dieser Kooperationen regelmäßig an Universitäten in den Nachbarstaaten Österreichs sowie in Frankreich und in Finnland. Was die Zukunft unseres Faches betrifft, wird sie zum Großteil durch den Standortvorteil an der ungarischen und slowakischen Grenze bestimmt. Es wird sicherlich zu engen, grenzüberschreitenden Kooperationen kommen, zumal es in Westungarn keine einzige Universität gibt. An unserem Wiener Institut können immerhin Abschlüsse – Magisterium und Doktorat, das Bakkalaureat soll in Kürze eingeführt werden – aus drei Disziplinen (finnisch-ugrische Sprachwissenschaft, ungarische Sprachwissenschaft, ungarische Literatur) erworben werden.

Die 1974 erfolgte Gründung des Institutes für Finno-Ugristik an der Universität Wien war ein politisch motivierter Akt: Professoren der damaligen Philosophischen Fakultät wollten mit dieser Tat im Zeitalter des Kalten Krieges neu an die gewaltsam unterbrochene Tradition der wissenschaftlichen Kontakte zwischen Österreich und Ungarn anknüpfen. Diese historische Legitimation gilt heute, nach der erfolgreichen demokratischen Umgestaltung des ehemaligen Ostblocks freilich nicht mehr. Heute werden von allen Universitätseinrichtungen Effizienz in Lehre und Forschung, Innovationen, Kooperationsbereitschaft, Dynamik und die Herstellung eines ausgewogenen Verhältnisses zwischen den investierten Mitteln und der erbrachten Leistung verlangt. Diesen Anforderungen wollen auch wir uns nicht entziehen. Der gesicherte, legitimierte Fortbestand des Institutes hängt jedoch zu einem Gutteil davon ab, ob auch die finnische und die ungarische Kulturpolitik unser Wirken weiterhin als sinnvoll und der (auch finanziellen) Unterstützung für würdig erachten.

Das Wiener Institut übersiedelte 1998 in den frisch renovierten und umgebauten Gebäudekomplex des von Josef II. ausgebauten (nunmehr Alten) Allgemeinen Krankenhauses in der Alserstraße. Drei Ebenen mit fast siebenhundert Quadratmetern Nutzfläche, ausgestattet mit zeitgemäßer technischer Infrastruktur stehen uns zur Verfügung. Der Bibliotheksbestand umfaßt etwa 30.000 Bände und hundert wissenschaftliche Zeitschriften, je zur Hälfte aus finnisch-ugrischer und ungarischer Sprachwissenschaft, bzw. ungarischer Geschichte, Literatur, Landes- und Kulturkunde.

Was wird an unserem Institut eigentlich gelehrt? Zunächst einmal Vergleichende und historische finnisch-ugrische Sprachwissenschaft. Dazu gehören die allgemeine finnisch-ugrische Sprachwissenschaft, die ungarische Sprachwissenschaft, die finnische Sprachwissenschaft und die Kunde der kleineren finnisch-ugrischen Sprachen. Ein zweites Hauptgebiet der Wiener Finno-Ugristik umfaßt die Ungarische Philologie (Ungarische Literaturgeschichte, Theorie der Literatur, Probleme des literarischen Übersetzens).

Dann gibt es noch die sogenannt ›unterstützenden‹ Lehrveranstaltungen: Uralische (finnisch-ugrische) Urgeschichte, Kultur- und Landeskunde der finnisch-ugrischen Völker, Landes- und Kulturkunde Ungarns bzw. Finnlands, Finnische Literaturgeschichte, Fachdidaktik für Lehramtskandidaten und die computerunterstützte Einführung in das wissenschaftliche Arbeiten. Schließlich vervollständigen Sprachkurse unser Angebot, wobei zwischen ungarischer Sprachausbildung für Finno-Ugristen und Dolmetscher, bzw. für Hörer aller Fakultäten unterschieden wird: Die »eigenen« Studenten werden in kleinen Gruppen und wesentlich intensiver unterrichtet als die HörerInnen anderer Studienrichtungen. Diese Unterscheidung gibt es nicht bei den beiden anderen, kleineren finnisch-ugrischen Sprachen, die ebenfalls ständig unterrichtet werden: Die finnische und die estnische Sprachausbildung erfolgt für Finno-Ugristen und für die HörerInnen aller Fakultäten gemeinsam.

Die Personalstruktur des Institutes wurde in erster Linie durch den Umstand geprägt, daß es seit 25 Jahren, seit der Gründung des Institutes immer zwei Planstellen für Finno-Ugristik gab, jedoch nur eine für Ungarische Philologie. Dieses Manko wurde durch die kontinuierliche Anwesenheit eines Gastprofessors für Ungarische Literatur ausgeglichen. Seit der Implementierung des UOG 93 ist nicht mehr das Ministerium, sondern die Fakultät für die Budgetierung der Gastprofessur zuständig, was dazu führte, daß wir im SS 1998 auf diesem Gebiet erstmals passen und unser Angebot der Literaturgeschichte einschränken mußten. Die zeitweilige Einschränkung des Angebotes trifft die Studienrichtung am Lebensnerv, weil die HörerInnen Semester für Semester eine bestimmte Anzahl von Prüfungen für das Finanzamt nachweisen müssen, um weiterhin die Kinderbeihilfe ausbezahlt zu bekommen. Sollten wir die Erfüllung dieser Pflicht nicht mehr kontinuierlich sichern können, ist eine rasche Abwanderung der HörerInnen (besonders im Studienzweig Lehramt Ungarisch) vorhersehbar. Seither scheint allerdings eine Lösung für dieses Problem gefunden worden zu sein. Auch wenn wir ständig zittern müssen, die Genehmigung für eine weitere Gastprofessur zu bekommen, soll nicht unerwähnt bleiben, daß vielleicht gerade die Fluktuation, die durch die Berufung dieser Gäste an unser Institut stattfand, den Studierenden einen zusätzlichen Anreiz geboten hat, konnten wir doch namhafte Gäste als Lehrende begrüßen: György Mihály Vajda, Mihály Szajbély und Péter Ötvös von der Universität Szeged, Attila Tamás, István Bitskey und András Görömbei von der Universität Debrecen, Antal Weber, Ilona T. Erdélyi und nicht zuletzt den leider allzu früh verstorbenen Andor Tarnai von der Universität Budapest. Allen erwähnten Persönlichkeiten hat das Institut viel zu verdanken. Diesen GastprofessorInnen war es stets gelungen, unsere Wiener StudentInnen zu motivieren, für Ungarn und seine Literatur zu begeistern und zu Aufenthalten in Ungarn zu animieren. Gemeinsam mit den ständig am Institut Lehrenden ist es ihnen gelungen, eine stattliche Anzahl solcher Absolventinnen und Absolventen hervorzubringen, deren Namen auf dem Gebiet der ungarischen Philologie und des literarischen Übersetzens europaweit bekannt und geschätzt sind.

Zum Schluß soll noch kurz die Forschungs-, Kulturvermittlungs- und Übersetzungstätigkeit der MitarbeiterInnen des Institutes umrissen werden.

Die internationale Akzeptanz unseres Institutes und unserer wissenschaftlichen Ergebnisse ist hoch. Die Wiener finnisch-ugrischen sprachwissenschaftlichen Forschungen sowie deren Einbindung in den Unterricht sind weltweit bekannt. Professor Rédei, Gründer des Institutes und seit einem Vierteljahrhundert Ordinarius für Finno-Ugristik, ist weltweit eine der herausragenden Persönlichkeiten der finnisch-ugrischen Sprachwissenschaft. Unter anderem hat er das vielbeachtete dreibändige Uralische Etymologische Wörterbuch, ein Standardwerk in allen sprachwissenschaftlichen Bibliotheken, in jahrelanger Arbeit redigiert und zum Großteil selbst verfaßt. In bezug auf die ungarische Sprach- und Literaturwissenschaft haben unsere Forschungen vor allem wegen eines Spezialgebietes, das der österreichisch-ungarischen literarischen

Beziehungen, sowie wegen der wissenschaftlichen Betreuung der ungarischen Minderheit des Burgenlandes (und Wiens) Bedeutung. Die literaturwissenschaftlichen Forschungen unseres Institutes konzentrierten sich in den letzten Jahren einerseits auf in Österreich verfaßte ungarische Literatur (wie die ungarischsprachige Wiener Avantgardeliteratur der 20er Jahre), andererseits auf die im 18. Jahrhundert in deutschsprachigen Gebieten des historischen Ungarn verfaßte deutschsprachige, und von der deutschen Sprache beeinflußte ungarische Literatur, sowie die Erforschung des Pressewesens im 18. Jahrhundert. Auf lokaler Ebene besteht die Möglichkeit (die von uns auch häufig genutzt wird) der engen Kooperation mit den verschiedenen ungarischen und finnischen Kultur- und Schulvereinen und mit dem staatlichen ungarischen Kulturinstitut Collegium Hungaricum in Wien.

Wie könnte sich diese Tätigkeit in Zukunft gestalten? Durch die Öffnung der Grenzen und durch unsere bereits jetzt gegebene Teilnahme an wissenschaftlichen Netzwerken (Kooperationen) ändern sich auch die Themenstellungen innerhalb der Literaturwissenschaft: Der Diskurs verlagert sich von der Erforschung der Nationalliteraturen im engen Sinne auf die Erforschung der Gemeinsamkeiten und Abweichungen in den Literaturen der Region, also in einem westlichen Teil Mitteleuropas (Westslowakei, Westungarn, Ostösterreich). Innerhalb der Sprachwissenschaft vollzieht sich in der Finno-Ugristik ein ähnliches Zusammenrücken der ForscherInnen zumindest im deutschsprachigen Raum. Dadurch bedingt ändern sich auch die Arbeitsfelder, auch größere Projekte können geplant und durchgeführt werden. In den letzten Jahren wurde der beinahe ungehinderte Zugang zu den finnisch-ugrischen Völkern in Rußland möglich, auch die Kooperationsmöglichkeiten mit den dortigen wissenschaftlichen

Einrichtungen haben sich außerordentlich verbessert. All dies wäre in der Zukunft noch sehr ausbaufähig. Das Institut veranstaltet sporadisch Seminare zum Themenkreis Literarisches Übersetzen. MitarbeiterInnen des Institutes und auch StudentInnen, die zum Teil große Begabung auf dem Gebiet des Übersetzens zeigen, konzentrieren sich in ihrer Tätigkeit vor allem auf die jüngere ungarische Literatur, die von Namen wie Kukorelly, Garaczi, Szijj, Térey, Háy und vielen VertreterInnen ihrer Generation geprägt wird. Das Fehlen kurrenter Übersetzungen und die mangelnde Verbreitung ungarischer Literatur im deutschen, vor allem aber im österreichischen Raum macht Schritte in diese Richtung notwendig. Das Institut wird auch in Zukunft versuchen, diesen Tätigkeitsbereich forciert auszuüben und den Nachwuchs auszubilden.

Wir veranstalten Tagungen und literarische Lesungen gemeinsam mit dem Wiener Literaturverein Alte Schmiede, dem Wiener Literaturhaus, dem Literaturhaus Mattersburg, dem Collegium Hungaricum, sowie dem Finnischen bzw. Estnischen Kulturverein. Derzeit führt das Institut gemeinsam mit dem Literaturhaus Mattersburg eine aus zehn Abenden bestehende Lesereihe zeitgenössischer ungarischer Literatur durch, zu der es Gäste wie Endre Kukorelly, László Darvasi, Lajos Parti Nagy, Gábor Schein, Zsófia Balla, Gábor Németh, Pál Závada, János Térey, László Szilasi, Agáta Gordon, Zsuzsa Kapecz, Aliz Mosonyi, András Ferenc Kovács, László Garaczi, Ottó Tolnai und Zsolt Láng, um nur einige zu nennen, begrüßen darf. Dabei bewegt sich das Institut erstmals aus den eigenen Räumen hinaus und moderiert einige dieser Abende auch im Gebiet der ungarischen Minderheit des Burgenlandes. In jüngster Zeit zeigte das Institut gemeinsam mit der Finnischen Botschaft zwei sehr gut besuchte Ausstellungen, die Ausstellung »Finnische Frauenliteratur« sowie die »Kalevala – Jubiläumsausstellung«, die auch breites Medienecho fanden.

Ständig bestrebt, das Bestehende und bereits Aufgebaute zu modernisieren und zu optimieren, sind wir alles in allem mit dem Erreichten zufrieden. Wir sind offen und dankbar für alle Anregungen und begrüßen alle Kollegen und Kolleginnen, alle Hörerinnen und Hörer, ob sie nun bloß zu einem kurzen Forschungsaufenthalt oder zu einer Gastlehrtätigkeit, für ein oder zwei Gastsemester in Wien weilen oder ob sie ein ordentliches Studium bei uns beginnen möchten, aufs herzlichste.

III

WISSENSCHAFTLICH-KULTURELLE REZEPTION

SÁNDOR MÉSZÁROS

Isländer und andere Interessenten

Ein flüchtiger Blick auf die ungarische Literatur

Es ist ein unbehagliches Gefühl, mit Fremden über die ungarische Literatur zu sprechen. Der Wahrheitsgehalt dieses altmodischen Gemeinplatzes wurde mir bewußt, als ich zufällig einmal Zeuge eines wohlwollenden Gesprächs war. Es ereignete sich Anfang der achtziger Jahre, noch im halb weichen, halb harten Schoß der kommunistischen Diktatur, als sich eine isländische Journalistin in die Redaktion einer Literaturzeitschrift verirrte. Offenbar hatte sie Interesse an der ungarischen Literatur, deshalb war sie ja gekommen. In der Redaktion aber hatte man bis dahin noch keinen Isländer live gesehen, geschweige denn eine Literaturfreundin im Minirock und mit perfektem Make-up. Wenn ich ein wenig übertreibe, könnte ich ihr Erscheinen auch als Wunder bezeichnen, denn die Journalistin war wirklich enorm schön, nett und intelligent, außerdem kommt es überall auf der Welt selten vor, daß eine echte, literaturliebende Isländerin in einer Provinzstadt auftaucht. Sieh an, der Ruf der ungarischen Literatur war also schon bis ins eisige Island vorgedrungen! – mochte sich der wackere Chefredakteur, der ihre höflichen Fragen auf der Stelle mit erschöpfenden Antworten quittierte, gedacht haben. Noch eine Frage und eine noch gründlichere und ausführlichere Antwort. Nichts als Wohlwollen, Interesse und Höflichkeit, bis zur völligen Erschöpfung – das Gespräch ließ sich trotzdem nicht zu einem guten Ende bringen. Beide waren sichtlich erfreut, als das unangenehm lange Treffen ein Ende fand. Sie verabschiedeten sich mit der Hoffnung, nie wieder miteinander sprechen zu müssen. Oder wenn vielleicht doch, so hoffentlich nicht über die ungarische Literatur. Vielleicht waren sie auch erfreut darüber, einander endlich los zu werden. Am Ende der mehrstündigen Unterhaltung hatte der Dolmetscher schon kaum mehr etwas übersetzt.

Westliches Interesse, isländischer Besuch, europäische Rezeption?

Ich möchte aus diesem Einzelereignis keine übertriebenen Schlüsse ziehen. Obwohl der Dichter (György Petri) meint, daß gerade Einzelereignisse sich zur Verallgemeinerung eignen, da zwei davon schon Verwirrung stiften. Aus dieser Geschichte kann man dennoch einige allgemeine Lehren ziehen, die mich an den Dialog zwischen der gesamteuropäischen und der ungarischen Literatur erinnern. Zum einen die an Wunderglauben grenzende Erwartung, mit der unsere Literatur – beinahe jeder ihrer Protagonisten – glaubt und hofft, endlich von Europa entdeckt zu werden. Daß eines schönen Tages die wunderschöne Prinzessin hereinschneit, natürlich blond und blauäugig, wie die isländische Journalistin und … Es ist vielleicht überflüssig zu erwähnen, daß die ungarische Literatur stark von Männern dominiert ist, von diesem Glück also zumeist auch sehr männliche Vorstellungen herrschen. Europa ist selbstverständlich weiblich und wir wissen wohl, daß sich die (europäischen) Frauen nicht immer wie im Märchen verhalten; aber sie sind zumindest dazu fähig, den Männern märchenmäßige Prüfungen abzuverlangen. Sie zum Beispiel Jahrhunderte lang warten zu lassen, oder ihnen nicht einmal einen flüchtigen Blick zu schenken. Das ist die Liebhaber-Pose der ungarischen Literatur. Seit zweihundert Jahren, seit sie erwachsen wurde und über ein eigenes Einkommen verfügt, wartet sie ohne Hoffnung und schmachtend darauf, von Europa endlich entdeckt zu werden. Aber nein und wieder nein. Na gut, flüchtige Blicke, aufgeregtes Flirten, wilde Träumereien, dann langes Warten, Bussis in der großen Pause, geplatzte Rendezvous hat es schon gegeben, und ob es welche gegeben hat! – davon können wir in die Jahre gekommenen Halbwüchsigen viel erzählen.

In Wahrheit ist es schwer, all das nüchtern zur Kenntnis zu nehmen und zu verdauen, denn die ungarische Literatur hat ihre Aufmerksamkeit schon immer auf Europa gerichtet, hat sich von den europäischen Literaturen inspirieren lassen und einen Dialog mit ihnen geführt. Wieder drücke ich mich schlecht aus, denn auch dieser letzte Satz will nur ungestüm unter Beweis stellen, was ohnehin evident ist: die Emanzipiertheit unserer Literatur und ihre geistige Verbundenheit mit Europa. Nur ist dieses Verhältnis eben asymmetrisch, beklemmend einseitig, statt eines wechselseitigen Dialogs ein immer wieder unterbrochenes Zwiegespräch. Darüber hinaus hatten die Gelehrten jeder Epoche das Gefühl, das Gespräch ständig von vorne beginnen zu müssen, sozusagen aus dem Nichts, da wir der anderen Seite in Wirklichkeit unbekannt waren. In unserem literarischen Selbstverständnis hatte das Attribut ›europäisch‹ jedoch immer die Bedeutung eines Werturteils, eines Synonyms für Qualität, während es kaum einen ungarischen Autor oder ein Werk gibt, der oder das bei der europäischen Leserschaft allgemein bekannt und anerkannt wäre. Dieses paradoxe Problem ist nicht kurzfristig zu lösen: Über den europäischen Rang unserer Literatur zu sprechen, während die eigentliche Rezeption dieser Literatur und das Wissen über ihren kulturgeschichtlichen Kontext im wesentlichen fehlen, da es, ich wiederhole mich, nicht ein Werk der ungarischen Literatur gibt, dessen Bekanntheit berechtigterweise vorausgesetzt werden könnte, oder das Teil des europäischen Literaturkanons wäre, zumindest aber ein möglicher gemeinsamer Bezugspunkt. Vielleicht noch der Name Petőfi – das wurde auch aus den Fragen der isländischen Journalistin deutlich –, der aber auch aus anderen Zusammenhängen bekannt sein könnte; daß die Journalistin oder jemand anderer des öfteren in seinen Gedichten liest, ist noch lange nicht sicher. Diese Mischung von Unbekanntheit und Unkenntnis wirkt leicht beleidigend – nun, dieses Beleidigtsein ist nicht abzustreiten, wenn schon von einseitigen Beziehungen und der Gefühlswelt hoffnungslos verliebter Männer die Rede war.

Es gibt also eine großartige, bedeutende ästhetische Werte in sich bergende, geradezu »männlich-vollkommene« Literatur, wie eine Denim-Reklame, und trotzdem wird sie von niemandem entdeckt? Im Gegensatz zu dem unwiderstehlich riechenden Rasierwasser. So gut steht es also um uns? Nein, so gut wieder auch nicht. Wie schon die erwähnte Geschichte mit der Isländerin zeigt, sind wir einerseits geneigt, solchen Vorkommnissen unverhältnismäßig große Bedeutung zuzumessen. Aus dieser Perspektive wird jede Meinung und jedes Interesse oder Werturteil seitens des Auslandes überbewertet. All das ist wahrscheinlich darauf zurückzuführen, daß in Ungarn die Literatur innerhalb der Kultur immer eine hervorgehobene Position einnahm und immer ihre über sich selbst hinausweisende Bedeutung betonte; gerade deshalb rührt das Fehlen von Resonanz auf unsere Literatur auch empfindlich an unser nationales Selbstverständnis und Selbstwertgefühl. Von diesem Standpunkt betrachtet bedeutet Unbekanntheit und Isolation auch Frustration und eine Beeinträchtigung des eigenen Selbstwertgefühls. Andererseits kapselte sich unsere Literatur – als Reaktion darauf –

in gewissen Epochen ab, unterschätzte die Bedeutung der Rezeption im Ausland und betonte ihre Eigengesetzlichkeit. Die Wahl des einen oder anderen Weges trug und trägt allerdings in der Praxis außerordentlich wenig zur Aufrechterhaltung der Kommunikation mit Europa bei. Wenn doch, dann in ungeschickter Weise, meist in der Hoffnung auf schnellen Erfolg, mit wenig kulturdiplomatischem Einfühlungsvermögen und verrutschter Krawatte. Unter Ungeschick verstehe ich das Fehlen von Form und Pragmatik, eine auf zivilisatorische Rückständigkeit und Abgeschlossenheit gründende Passivität und das oft kritisierte Warten auf Wunder – anstelle eines Verständnisses von Dialog als alltägliche Handlung. Aber ich will uns nicht in masochistischer Manier kritisieren, denn das ist ebensowenig dazu angetan, Interesse zu wecken, wie die einstmalige Rede des wackeren Chefredakteurs, der die ungarische Literatur mit jedem Satz lobte. Also versuche ich nun, einige der alten isländischen Fragen anders zu beantworten, wenn ich schon diesem Treffen damals nur als stummer junger Mann beiwohnte.

Die ungarische Literatur ist stark lyrikzentriert. Der potentiell weltliterarische Rang der ungarischen Dichtung wird oft und zu Recht erwähnt, dennoch wird lieber die Prosa gelesen und interpretiert. Warum? In der Literatur des vergangenen Jahrhunderts veränderte sich das Verhältnis von Prosa und Lyrik, und die Analyse dieses Wechsels wurde zu einem zentralen Thema in der Literaturwissenschaft – zumindest in Form der Frage, welche der beiden Gattungen die sogenannte Führungsrolle übernommen beziehungsweise beibehalten hatte. Auf der Tagesordnung standen Antworten, die zuerst die Unsinnigkeit der Frage selbst unter Beweis stellten, dann auf die herausragenden Dichter und bedeutenden lyrischen

Werke eingingen, um sich schließlich auf unterschiedliche Weise zum Primat der Dichtkunst und/oder ihrer Unvergänglichkeit zu bekennen. Anstelle einer detaillierten Darstellung dieser Antworten möchte ich hier nur eine Textpassage aus einem Gedicht zitieren, welches unter anderem diese Entwicklung thematisiert: »Die Lyrik lebt in schlechten Zeiten / denkt der Lyrik-Fachmann und faßt, während er sich wonnig räkelt / die elend vertrockneten Kontinente ins Auge / Schlachtfelder Grashütten Wolkenkratzer / und noch mancherlei der Art KEIN WUNDER / denkt er und geht weiter zur Romantheorie / die den Tagesstand der Kursschwankungen an der Weltbörse anzeigt / während Mütterchen Lyrik / das zahlt sich aus Madam / mit rätselhaftem Lächeln hinter der Kassa sitzt / sie weiß, was sie weiß / die Puritaner kommen und gehen / aber das Geschäft bleibt« (Ottó Orbán: »A líra rossz korszaka / Schlechte Zeiten für die Lyrik«).

Es lohnt sich, aus der Gruppe dieser Antworten zwei Essays näher zu beleuchten. Beide gehen davon aus, daß die Lyrik ihre Führungsrolle verloren hat, was jedoch unterschiedlich argumentiert wird. Ákos Szilágyis 1981 entstandener Aufsatz »Abstieg und Neubeginn in der neuesten ungarischen Literatur« vertritt die grundlegenden ideologischen Postionen des Postmarxismus, wenn er den Wachewechsel zwischen den Gattungen und die Emanzipation der Prosa mit gesellschaftlichen Ursachen erklärt: »Wenn in einer konkreten Nationalliteratur infolge eines Wandels des gesellschaftlichen Wertesystems ein ›Bedürfnis nach Epik‹ entsteht, beginnen auch die in den Vordergrund drängenden epischen Formen sich lyrischer, phantastischer und abstrakter Wege der Vermittlung zu bedienen. Denn trotz all der Entfremdung und Verdinglichung des reellen Lebens erstarkt das Interesse an der Wirklichkeit, der Außenwelt, der historischen Kontinuität, den Tatsachen und dem stabilen, faßbaren und empirischen Lebensprozeß immer wieder aufs neue und erzeugt immer wieder eine dementsprechend resignierte und konservative Haltung, und an einem bestimmten Punkt der Bewegung des Individuums und der Allgemeinheit wird das wirklichkeitsentfremdete Leben immer wieder unerträglich.« György Spiró übte in seinem Essay »Zum Schriftsteller geschlagen« heftige Kritik am monolithischen Charakter der Institution Literatur und kam in übertriebener Verallgemeinerung persönlicher Erfahrungen zu dem Schluß, daß sich die jungen Schriftsteller infolge eines abnehmenden und fehlenden Interesses der Leser an der Lyrik in die Prosa »flüchten«. Es ist die Frage, inwieweit diese literatursoziologische Beweisführung zutreffend ist – liegt hier nicht vielmehr eine Verwechslung von Ursache und Wirkung vor? Es fragt sich weiter, ob das Abnehmen der Rezipientenzahl, die bis heute anzudauern scheint, mit dem Verschwinden des fachkundigen (Lyrik-)Lesers gleichzusetzen ist. Ich habe den Verdacht, daß sich die Anzahl der qualifizierten Rezipienten von Lyrik im Laufe der Zeit nur wenig verändert hat, obwohl es schwierig ist, das empirisch zu beweisen. Die Tatsache, daß ein Lyrikband vor zwei Jahrzehnten noch in einer Auflage von bis zu zehntausend Stück erschien, heute hingegen im Durchschnitt nur mehr von tausend bis tausendfünfhundert Stück, bedeutet an sich noch nicht das Verschwinden des fachkundigen Lyrik-Lesers. Wer der Literatur ohnehin nur entnehmen wollte, wann das diktatorische System zusammenbricht oder ob die Russen abgezogen sind, kann sich darüber gewiß auch anderweitig informieren.

Als Auswirkungen dieser Entwicklung bildete sich in den siebziger Jahren die Dominanz dreier Arten dichterischer Poetik heraus, die im wesentlichen bis heute Gültigkeit hat und den Charakter der zeitgenössichen Lyrikrezeption bestimmte und nach wie vor bestimmt: die der literarischen Moderne, die sogenannte »objektive Lyrik« der Postavantgarde und das visionär-metaphorische Lyrik-Ideal der Vertreter der Volksdichtung. Die Tatsache, daß literaturkritische Rezeption aus einer defensiven Position und immer mit Zeitverzögerung erfolgt, mag eine Erklärung dafür sein, daß viele Interpretationen hinter den neuen literarischen Phänomenen zurückblieben, welche sie gleichzeitig begeistert begrüßten und im wesentlichen positiv bewerteten. So etwa wurden Beurteilungen der Werke János Pilinszkys, die nach seinem Gedichtband »Splitter« entstanden, selbst von namhaften Literaturexperten vorsichtig vermieden und diese Dichtungen nur als Nachspiel eines bedeutenden Lebenswerks betrachtet. Erst später entstanden Analysen, die die Kohärenz von Pilinszkys Gesamtwerk und die Gleichrangigkeit beider Schaffensperioden unter dem Aspekt der Erneuerung seiner eigenen Poetik interpretierten (siehe die Studie von Miklós Gáspár Tamás »Der gerade Weg durch das Labyrinth« und Sándor Radnótis Buch »Der leidende Mystiker«). Nicht ganz so unbemerkt blieb die Erneuerung der Dichtung beim späten Sándor Weöres und bei Ágnes Nemes Nagy, deren Rollen- und Prosagedichte poetologisch beschrieben und analysiert wurden. Die nach dem Gedichtband »Im Verswald versteckt« veränderte dichterische Redehaltung von László Nagy fand nur über die Vermittlung der sprachlichen Haltung in seinen Werken aus den sechziger Jahren ein Echo in den zeitgenössischen Interpretationen. Dieses Fehlen neuer interpretatorischer Ansätze war auch der Grund dafür, daß das Schwächerwerden eines Teils der Dichtung von Ferenc Juhász und der Abfall der künstlerischen Qualität seiner nach dem Gedichtband »Der König der Toten« entstandenen Werke lange Zeit unbemerkt blieb oder zumindest von der Kritik nicht registriert wurde.

Die um die Durchsetzung der dargestellten drei (im übrigen schwer vereinbaren) poetischen Prinzipien gefochtenen Kämpfe und die Bemühungen um deren Konsolidierung führten in der Kritik zu einer Erstarrung der Normen und des Geschmacks. »Die Bemühungen um die Konservierung eines bestimmten Geschmacks sind nicht zu trennen von der Geschichte. Es gibt keinen Leser ohne jegliche Vorerfahrung. Es besteht kaum die Möglichkeit, ein Kunstwerk unmittelbar und unvoreingenommen zu interpretieren, da sich niemand der Wirkung früherer Urteile darüber entziehen kann. Unser Erleben steht immer unter dem Einfluß bestimmter Voraussetzungen, die mit dem bestehenden Kanon zusammenhängen. Ein Text ist nicht einfach in einer bestimmten Form gegeben und die Interpretation geht immer auch mit der Bezugnahme auf andere Texte einher. Ein Werk kann nur in Hinsicht auf andere Werke gelesen werden.« (Mihály Szegedi-Maszák: »Der Traum von der (Un)Sicherheit: Kanonbildung im Zeitalter der Postmoderne«). Anstatt sich mit den neuen literarischen Richtungen und poetischen Prinzipien zu konfrontieren und sie als Anstoß zur Überprüfung der eigenen Positionen und Normen zu nutzen, hielt die damalige Kritik zum Großteil an der Konservierung herrschender Gegebenheiten fest. Es ist also nicht so, daß es in dieser Periode keine wirklich neuartigen Werke und Tendenzen in der Lyrik gab, vielmehr wurden diese größtenteils nicht interpretiert und waren somit dem literarischen Bewußtsein ihrer Zeit nicht zugänglich. Die neu entstehende Kritik hingegen wandte sich von der Lyrik ab und legte den Schwerpunkt auf die Interpretation des Paradigmenwechsels und der sprachlichen Neuentwicklungen in der Prosa, zu der sie in fruchtbare Wechselwirkung trat.

Die Neuordnung des Verhältnisses zwischen Lyrik und Prosa läßt sich auch als die Frage formulieren, wieso die Prosa eine wichtigere Rolle als die Lyrik bei der Etablierung der Vorstellung von der neuen Literatur zu spielen begann. Das hängt damit zusammen, daß sich das Interesse der in der Mitte der siebziger Jahre entstehenden neuen Richtung der Kritik auf die Entwicklungen der Prosaliteratur konzentrierte und mit dieser in regem Austausch stand. Der augenscheinlich wichtigste Grund dafür ist, daß in dieser Zeit mehr Prosawerke von hohem ästhetischem Rang, ja sogar einige von herausragender Bedeutung erschienen (Miklós Mészöly: »Film«, »Megbocsátás/Verzeihen«; Péter Esterházy: »Termelési regény/Produktionsroman«, »Bevezetés a szépirodalomba/Einführung in die Belletristik«; Péter Nádas: »Ende eines Familienromans«, »Buch der Erinnerung«; Péter Lengyel: »Csperéptörés/Ziegelbruch«, »Macskakő/Kopfsteinpflaster«; László Krasznahorkai: »Satanstango«, »Melancholie des Widerstandes«; László Márton: »Átkelés az üvegen/Durchquerung des Glases«, »Die wahre Geschichte des Jakob Wunschwitz«; László Garaczi: »Plastik«, »Als wärest Du am Leben«). Diese Entwicklung passierte in dem Vakuum, das entstand, als die langsame Aushöhlung der von bestimmten ideologischen Prämissen ausgehenden, realistischen Literatur und der parabolischen Redeformen in der Epik schon deutlich spürbar wurde. All das war eine Herausforderung und Anregung für die Kritik, zumal Veränderungen in der Gegenwartsliteratur zumeist oppositionellen Charakter haben. Es darf auch nicht vergessen werden, daß die Kritik selbst einer starken Veränderung unterworfen war. Um sich von der Last des ideologischen Erbes und den Fragestellungen einer monistischen Literaturauffassung zu befreien, war sie dazu gezwungen, ihre eigene Legitimationsbasis, ihre Strategien der Interpretation und Argumentation zu erneuern. Das Interesse an der Theorie und die Anwendung der Bezugssysteme verhältnismäßig neuer ästhetischer und literaturtheoretischer Werke, insbesondere auf dem Gebiet der Narratologie, führten zu einer schrittweisen Veränderung des Sprachgebrauchs in der Interpretation und einer Erneuerung des Wortschatzes der Kritik. Dadurch gelang es dieser, mit dem Erneuerungsprozeß in der Prosa Schritt zu halten, welcher somit auch in der zeitgenössischen Sekundärliteratur besprochen wurde und eine entscheidende Veränderung des Literaturverständnisses bewirkte.

Was die neue Dichtkunst betrifft, blieb dieses »Zusammentreffen« von Literatur und Kritik zum Teil aus. Es ist zumindest auffällig, daß sich von den maßgebenden Vertretern der neuen Kritik relativ wenige sowohl der Prosa als auch der Lyrik zuwandten oder ihr Interesse annähernd gleichmäßig auf beide Gattungen verteilten. Wahrscheinlich trifft eine Erklärung zu, die den Grund in der Ungleichzeitigkeit von dichterischem Werk und Kritik ortet. Im Vergleich zur neuen Lyrik, deren wichtigere Vertreter sehr bald hervortraten (Dezső Tandori, György Petri, Imre Oravecz, Szabolcs Várady oder der in seinen Anfängen sehr vielversprechende Péter Dobai), etablierte sich die neue Generation von Lyrik-Kritikern nämlich erst mit einiger Verspätung, was auch mit dem Fehlen des entsprechenden literarischen Umfeldes zusammenhing: György Petri war damals noch ein Samisdat-Dichter, Szabolcs Várady schrieb nach wie vor nur ein oder zwei Gedichte pro Jahr, Péter Dobai und György Spiró veröffentlichten noch hauptsächlich Prosawerke. Dezső Tandoris Produktivität in seiner neuen dichterischen Periode ließ auch seine entschiedensten Anhänger ein wenig ratlos zurück. Die neoavantgardistische Underground-Literatur der sechziger und siebziger Jahre (Miklós Erdély, Tamás

Szentjóby, Tibor Hajas, Jenő Balaskó u.a.) blieb in der breiten Öffentlichkeit unbekannt, was mit ein Grund dafür war, daß sie sich verlief, bzw. ohne Wirkung blieb. In Ungarn gab es zu dieser Zeit kein Forum, das die Tendenzen der Dichtkunst zusammengefaßt und fokusiert hätte und der Einfluß der Zentren ungarischer Literatur jenseits der Grenzen (die Zeitschriften *Magyar Műhely* in Paris, *Új Symposion* in Novisad und *Echinox* in Cluj Napoca/Kolozsvár) blieb infolge bornierter politischer und ideologischer Einschränkungen gering. All das wirkte sich hemmend auf das Bewußtsein der Kritiker aus oder verursachte zumindest ernsthafte Schwierigkeiten bei der Rezeption der neuen Lyrik und ihrer Verfahrensweisen.

Nach Überwindung der repressiven kommunistischen Kulturpolitik wäre es gewagt gewesen, Literatur, die zum ersten Mal im Lichte der Öffentlichkeit erscheinen durfte, schlecht zu kritisieren. Das hätte auch der damals schon ziemlich geachteten, wiewohl institutionell nicht sehr einflußreichen konservativen Literaturkritik, die auf die jüngste Literatur mit spröder Zurückweisung und demonstrativer Gleichgültigkeit reagierte, Argumente geliefert. Für Diskurse über Fragen der Ästhetik war aber weder Platz, noch waren sie einigermaßen sinnvoll, da es sich dabei zum Großteil um machtpolitische Auseinandersetzungen handelte. Das mag auch der Grund dafür gewesen sein, daß die Vertreter der neuen Kritik einer Diskussion des Literaturbegriffs und des Wertesystems der vorangegangenen Kritikergeneration auswichen und auf einen Bruch mit dem geltenden Kanon und dessen Neuinterpretation verzichteten. Das führte zur Etablierung einer gewissen wertekonservativen und musealen Literaturbetrachtung und Sprache, die das freie Spiel der Interpretationen zugunsten der sogenannten klassischen Werte aufhob. Die Folgen davon sind auch aus anderen Perioden der ungarischen Literatur bekannt: die Zufälligkeit der Wertebildung und der Selektion, Nivellierung und Eliminierung wirklicher Neuerungen in Dichtung und Poetik. Die Lyrik-Kritik der vergangenen zwei Jahrzehnte hat in ihrer Substanz viele der schlechten Traditionen bewahrt: Theorie-Feindlichkeit, rigide Normen, gezierter Impressionismus etc. Das in den letzten Jahren stärker werdende Interesse der Kritik, das vor allem um die Dichtung von Ottó Orbán, György Petri, Dezső Tandori, László Bertók, Zsuzsa Rakovszky, Lajos Parti Nagy, Endre Kukorelly, János Marno, András Ferenc Kovács und Szilárd Borbély kreist, gibt Anlaß zu der vorsichtigen Hoffnung, daß es möglich ist, auch mit der neuen Dichtung und Literatur in Dialog zu treten. Zumindest kann man jederzeit das Wort an sie richten.

Aus meinen bisherigen Ausführungen ging vielleicht hervor, daß ich die in den siebziger Jahren beginnende literarische und sprachliche Wende als einen bis heute wirksamen und relativ einheitlichen Prozeß betrachte. Gerade aus diesem Grund sehe ich das Jahr 1989 nicht als Epochengrenze in der ungarischen Literatur an; es war in erster Linie ein Datum von politischer und geschichtlicher, nicht jedoch literarischer Bedeutung. Allerdings haben der 1989 einsetzende gesellschaftliche Wandel und der politische Umbruch zur Demokratie auch die Institution Literatur nicht unberührt gelassen. Die parteistaatliche Überwachung der Kunst, die zentrale Lenkung des literarischen Lebens und die ideologisch-politische Manipulation waren zu Ende. Es entstanden einige neue Schriftstellerverbände, der Interessenschutz der Autoren bekam größeres Gewicht, der Literaturbetrieb wurde dezentralisiert. Die großen staatlichen Verlage gingen teilweise ein, teilweise wurden sie umstrukturiert, während die nach der

Wende gegründeten (z. B. Jelenkor, Kalligram, Palatinus) sich sehr für die Herausgabe der neuen Literatur und für ihre Publikation im Ausland einsetzten. Dasselbe gilt für die Literaturzeitschriften: im Verhältnis zur Leserschaft in Ungarn ist das Angebot an Periodika unverhältnismäßig groß (besonders hervorzuheben sind die Zeitschriften *Holmi, 2000, Nappali Ház, Magyar Lettre Internationale, Jelenkor* und *Alföld*). Die staatlichen Unterstützungen sind – wie überall – natürlich knapp bemessen, aber einige Privatstiftungen, insbesondere die Soros-Stiftung, leisten beträchtliche Beiträge zur Unterstützung der zeitgenössischen ungarischen Literatur.

Der Wandel der Institution Literatur und ihrer Rahmenbedingungen beeinflußte die Entwicklung der neuen literarischen Ausdrucksformen im allgemeinen nicht. Es steht allerdings außer Zweifel, daß mit der Aufhebung der Zensur auch das Stilmittel der Selbstzensur eliminiert wurde, während bis dahin jeder Text von ästhetischer Bedeutung in irgendeiner Art die Eingeschränktheit des künstlerischen Ausdrucks sowie politische Tabus reflektiert hatte. In diesem Sinn hat Péter Esterházys Aussage »es gibt kein vor '89 erschienenes Buch, das nicht um einen Satz trauert« ihre Richtigkeit. Aus dieser Perspektive wird jedoch auch deutlich, daß sich die erwähnten Werke der neuen Literatur als zeitbeständiger, von anhaltenderer Wirkung und unabhängiger erweisen als das für ewig gehaltene kommunistische System. Die freie Zugänglichkeit der Texte ermöglichte nicht nur eine Ausdifferenzierung verschiedener analytischer Sprachen, sondern hatte auch bahnbrechende Neudeutungen zur Folge. Besonders hervorzuheben ist die Neuinterpretation und literarische Rehabilitation von Imre Kertész' »Roman eines Schicksallosen«, ebenso der Werke von Sándor Tar sowie Ádám Bodor, der mit »Schutzgebiet Sinistra« den meiner Ansicht nach besten Roman der letzten zehn Jahre geschrieben hat. Schließlich möchte ich die Aufmerksamkeit noch auf drei Autoren der jüngeren Generation lenken: László Darvasi, Attila Hazai und Zoltán Kőrösi, die ich aufgrund ihrer bisherigen Werke als Garanten dafür erachte, daß die Geschichte der ungarischen Literatur immer wieder weiter und neu zu schreiben ist.

Alles sehr schön, alles sehr gut, ich bin mit allem zufrieden – sagte der österreichische Kaiser Franz Joseph immer, wenn er bei uns auf Besuch war. Er wußte noch, was stolze ungarische Ohren hören wollen, obwohl er angeblich kaum ungarische Literatur las. Was könnte ich anderes darauf antworten als: »Beinahe, Majestät, beinahe …«.

(Aus dem Ungarischen von Nadja Grössing)

KLAUS KASTBERGER

Zur Rezeption ungarischer Literatur in Österreich nach 1989

Ein Rahmen und vier Beispiele

Mit Beziehungen ist es ganz allgemein meist eine spezielle Sache. Dies betrifft auch die literarischen Beziehungen zwischen den beiden Ländern Österreich und Ungarn, die den Rahmen für den gegenständlichen Beitrag bilden. Solche Beziehungen spielen sich niemals in einer einheitlichen Form ab; sie sind im Gegenteil vielfältig verästelt und so kann, was in dem einen Bereich als gegeben scheint, im anderen seine Relativierung oder gar seinen Widerspruch erfahren.

Die Frage nach der Rezeption ungarischer Literatur in Österreich kann man auf mindestens zwei Ebenen stellen. Zum einen ließen sich die persönlichen und institutionellen Verflechtungen untersuchen, die im Hintergrund literarischer Beziehungen stehen. Österreich-Ungarn hat auf diesem Gebiet eine lange Tradition aufzuweisen. So findet sich in Wien mit der Österreichischen Gesellschaft für Literatur ein Ort, an dem osteuropäische Literatur seit Jahrzehnten präsent ist. Ein weiterer Veranstaltungsort der Bundeshauptstadt, die Alte Schmiede (Literarisches Quartier), hat in jüngerer Vergangenheit entscheidend zur Vermittlung auch der ungarischen Gegenwartsliteratur beigetragen; ich persönlich habe hier erstmals von so wichtigen Autoren wie Imre Kertész, Péter Nádas, István Eörsi oder Dezső Tandori gehört.

Fragt man sich nun, wie denn die Literatur des einen im jeweils anderen Land wahrgenommen wird, kommen (abseits der Suböffentlichkeiten, die in Institutionen wie den oben genannten geschaffen werden) die Medien ins Spiel. Der Erfolg von Literatur wird heute von den Medien gemacht, und zusehends wird auch der Erfolg kulturpolitischer Maßnahmen am Vorkommen in den Medien gemessen. Wie immer man diese Entwicklung, eine Conditio postmoderner Befindlichkeit, bewertet; es steht außer Frage, daß Spektakel wie der Bachmannpreis, das Literarische Quartett und die Frankfurter Buchmesse von denen, die das Sagen haben, immer wichtiger und tendenziell als Maßstab für die Qualität von Literatur genommen werden.

Innerhalb dieser medialen (und wohl auch wirtschaftlichen) Zusammenhänge läßt sich ein Land wie Österreich nicht isoliert betrachten. Der Erfolg österreichischer Literatur wird heute mit, von und über die Bundesrepublik Deutschland gemacht; gleiches gilt vom Erfolg deutschsprachiger Übersetzungen ungarischer Literatur. Auch hier wird ein Umweg über den Norden gegangen: über bundesdeutsche Verlage als Erscheinungsorte der Bücher, über das bundesdeutsche Publikum als Absatzmarkt und über die großen bundesdeutschen Zeitungen als literarische Meinungsmacher. Vor diesem Hintergrund muß man die Rezeption ungarischer Literatur in Österreich sehen.

Mit dem Jahr 1989 hat sich die Aufmerksamkeit für osteuropäische und (was Österreich betrifft) im speziellen auch ungarische Literatur zweifelsohne entscheidend erhöht. Zunächst hatte man im Westen ja das Gefühl, daß sich mit der radikalen politischen Veränderung auch die Literatur des Nachbarlandes sofort und radikal ändern werde. Neue Autoren und neue Themen – so glaubte man – werden aus dem Boden schießen; der politische Bruch sollte unmittelbar literarische Früchte tragen. So abwegig diese Forderung auch scheint; im wiedervereinigten Deutschland wurde sie von der Kritik ganz explizit erhoben, weshalb dort auch ›Wendebücher‹ aller Art erschienen sind, über deren literarische Qualität man geteilter Meinung sein darf.

In Ungarn gab es auf diesem Gebiet (der literarischen Auseinandersetzung mit der unmittelbaren Vergangenheit) für den deutschsprachigen Leser vorerst recht wenig zu erkunden. Eine Ausnahme bildete ein großer Essay von György Dalos, der 1992 unter dem Titel »Vom Propheten zum Produzenten« erschien.

Dalos beschreibt in seinem Aufsatz so etwas wie einen »Urmythos« der osteuropäischen Literatur; dieser soll in einer Art russischen ›Parallelaktion‹ bestehen. Auch der Dichter Alexander Puschkin wollte – gleich Lord Byron, der 1824 auf seiten der Griechen fiel – aktiv in den griechischen Freiheitskampf eingreifen, erhielt aber von seinem Zaren, der die Puschkinschen Gedichte persönlich zu zensieren pflegte, jenes begehrte Papierl nicht, das man später die »Ausreisegenehmigung« nennen sollte.

Unter dem Kommunismus erreichte diese paradoxe Konstellation ihren Höhepunkt. Wie Dalos nachweist, waren die Autoren seines Heimatlandes auch nach 1945 auf eine »prophetische« Rolle festgelegt. Die Linie der Prophetie wurde allerdings auf dem Verordnungsweg vorgegeben und über den Inhalt fanden erstaunliche Debatten statt. Zu Beginn der 50er Jahre diskutierten etwa in Ungarn die bedeutendsten Autoren die Frage, ob man denn ›traurige‹ Gedichte schreiben dürfe, und wenn ja, wie oft. Die offizielle Doktrin, der zufolge der sozialistische Realismus ein Optimismus zu sein hatte, wurde von den teilweise polemischen Diskussionsbeiträgen konterkariert. Auch der Dichter Gyula Illyés griff in die »Debatte über die Traurigkeit« (Dalos) ein: »Wenn auf die traurigen Gedichte heitere folgen, beziehungsweise die traurigen durch heitere ergänzt werden, dann ergibt sich das von den Kritikern gewünschte Gleichgewicht. [...] Auf diese Weise bleibt das Lebenswerk im gewünschten Gleichgewicht.« Schon an dieser einen Wortmeldung sieht man die Differenzierung und Ironie, mit der man im Osten in den Phasen zwischen Tauwetter und verschärfter Repression miteinander umging.

In den Büchern aus Ungarn, die in den letzten Jahren in Österreich (und sei es über den Umweg der Bundesrepublik) rezipiert wurden, zeigt sich eine Vielfalt von Möglichkeiten des literarischen Sprechens, und es zeigt sich in ihnen meist auch eine spezielle thematische Verbindungslinie zu Österreich. Dies betrifft die Rezeption der ungarischen Literatur in Österreich insgesamt, es betrifft aber auch die wenigen Beispiele, die ich, weil sie exemplarisch sind, für das Folgende ausgewählt habe: Imre Kertész, László Krasznahorkai, Péter Esterházy und Dezső Tandori.

Bei Imre Kertész (einem Autor, der die Konzentrationslager von Buchenwald und Auschwitz überlebt hat) war es ein Buch, das im Westen für Furore gesorgt hat. Nachdem die Erstübersetzung ohne große Resonanz geblieben war, wurde die Neuübersetzung von »Roman eines Schicksallosen« 1996 zu einem vollen Erfolg. In seinem Buch entwirft Kertész Bilder, die man (gerade auch im deutschsprachigen Raum) nie wieder vergessen wird:

Der Ich-Erzähler, ein fünfzehnjähriger Bub aus Budapest, kommt im Konzentrationslager unter einen Haufen halbtoter Menschenkörper zu liegen, einzelne Leiber werden auf einen separaten Karren gepackt, eine schwache Stimme murmelt ein kaum vernehmbares »Ich pro...te...stiere«. Der Blick des Erzählers schweift noch einmal über das Gelände, über die »schmucken grünen Steinhäuschen« und die »düsteren Baracken«, über den »Drahtzaun« und die »kahlen Bäume«; »nackte Muselmänner« warten im Hintergrund, während die »inneren Kommandos« ihre »täglichen Arbeiten« verrichten. Von da und dort dringt »vertrautes Geklapper« ans Ohr, der »Duft der Kohlrübensuppe« liegt in der Luft – und dann verfestigt sich die Szene in einem einzigen Satz; einem Satz, der gegen »alle Vernunft und Verstandesnüchternheit« gesprochen, aber wahrhaftig ist wie kein zweiter: »Ein bißchen möchte ich noch leben in diesem schönen Konzentrationslager.«

Sätze wie diese haben in Ungarn zum Zeitpunkt des Ersterscheinens (1975) für Aufregung gesorgt, man versuchte gar dem Buch eine antisemitische Tendenz zu unterstellen. Natürlich hatte der Autor mit seinem Werk etwas anderes im Sinn. Wogegen er sich mit jedem Detail zur Wehr setzt, ist die metaphorische Auflösung des Holocaust und damit eigentlich der Begriff des ›Holocaust‹ selbst. Auschwitz wurde von dem Fünfzehnjährigen gerade als das nicht erlebt, was später eilfertig zum Synonym planmäßiger Menschenvernichtung werden sollte; das Konzentrationslager war eben nicht als eine ›Hölle‹ zu verstehen. Im Konzentrationslager hätte vielmehr – über all den Schrecken hinweg – das Gefühl der Langeweile dominiert: Jeder Tag, jede Stunde, jede Minute wollte irgendwie ›verbracht‹ werden; die Zeit in Auschwitz und Buchenwald war vor allem eine endlose Warterei.

Es ist die Genauigkeit der Beobachtung und der Verzicht auf jegliche Mystifizierung (auch seiner eigenen Rolle als Überlebender), die an dem Buch von Kertész auch anhand der deutschsprachigen Übersetzung wahrgenommen wurde. Was man an diesem Werk begreifen muß, und was innerhalb der Holocaust-Literatur neu ist, ist die tatsächliche Schicksalslosigkeit des Protagonisten. Diese Schicksalslosigkeit (oder wie sich der ungarische Originaltitel auch übersetzen ließe: ›Schicksalsfraglichkeit‹) wird zum Programm: Gegen den kollektiven Begriff des Schicksals setzt Kertész die individuell erfahrene Geschichte.

Eine solche Sicht der Dinge vermochte auch den Leser im Westen zu verstören, zu sehr hatte man sich auch hier schon an die eher euphemistischen Formen von Überlebensberichten gewöhnt. Das Buch von Kertész und die Diskussion, die um seine Art der Darstellung entstand, kam im deutschsprachigen Raum Mitte der 90er Jahre gerade recht. Als Zeugnis des Überlebens von höchstem literarischen Rang wird der »Roman eines Schicksallosen« heute neben die Werke von Primo Levi, Jean Améry, Ruth Klüger oder auch Aleksandar Tišma gestellt.

Der 1954 in Szentendre geborene und heute in Budapest lebende Autor László Krasznahorkai entfaltet in seinem Buch »Melancholie des Widerstandes«, das 1989 in Ungarn und drei Jahre später in deutscher Übersetzung erschien, klassische Erzählkunst und entwirft in ihr eine apokalyptische Vision. Die »Versuchsstation für den Weltuntergang« ist hier (durchaus in dem Sinn, wie es bei Karl Kraus der Erste Weltkrieg und Österreich war) eine Kleinstadt in Südostungarn. Auch zu einem anderen österreichischen Autor zeigt sich bei Krasznahorkai ein klar erkennbarer Bezug: Die Phasen des dargestellten Geschehens nehmen direkt auf die Mechanismen Bezug, die Elias Canetti in seinem epochalen Werk »Masse und Macht« beschrieben hat; auch was die literarische Prägnanz betrifft, reicht Krasznahorkai an den großen Theoretiker und Autor heran.

»Melancholie des Widerstands« ließe sich als eine Variante von Canettis Buch »Die Blendung« verstehen. Freilich haben sich die thematischen Perspektiven verschoben; hier ist von Ungarn und einem totalitären Regime gegen Ende des 20. Jahrhunderts die Rede, wobei es sich bei dem Buch um einen ungemein dichten und anspielungsreichen Roman handelt – mit ein Grund, warum die deutschsprachige Übersetzung eher punktuell wahrgenommen wurde. Die wenigen Kritiken, die in Österreich und Deutschland erschienen, waren aber allesamt euphorisch.

Die »Melancholie des Widerstandes« reflektiert ihren Gegenstand, nämlich die Auseinandersetzung mit Macht, Gewalt und Umsturz, in jedem Detail. So wird die spätere Katastrophe gleich zu Beginn von der simplen Tatsache präfiguriert, daß einer gewissen Frau Pflaum der Büstenhalter verrutscht. Während der Bahnfahrt in ihre Heimatstadt zieht Frau Pflaum die gierigen Blicke des ›Pöbels‹ auf sich. Die Kleinstadt wird wenig später von undurchsichtigen Gestalten, der Mannschaft eines Zirkus, aus ihrer Lethargie gerissen, diese führt (offensichtliches Zeichen der christlichen Apokalypse) einen riesigen Walfisch mit sich. Der Einbruch der Gewalt – die Horde zieht raubend und plündernd durch die Gassen – bildet ein wirkliches Ende des Müßiggangs.

Von einigen Stadtbewohnern war dieses Ende schon sehnsüchtig erwartet worden. Eine gewisse Frau Eszter ist der Prototyp dieses neuen zukunftsorientierten Menschen. Sie nutzt die Gewalttat geschickt aus, um zu lokalpolitischem Einfluß zu kommen. Ihre Ansprache am Grab des Widerparts Frau Pflaum erscheint als letzte Ironie des Schicksals.

Das Ende der Geschichte, in dem die westliche Rezeption sehr wohl eine Widerspiegelung der ungarischen Verhältnisse in den 80er Jahren und sogar eine kleine prophetische Vorschau auf 1989 zu erkennen meinte, verzögert sich. Die »Arbeiter der Verwesung« bleiben zunächst zur

Untätigkeit verurteilt; über Wochen hinweg ist es einfach zu kalt. Am Ende des Buches liegen mit den Endprodukten des Zerfalls dann aber doch alle Bestandteile des Neubeginns brach: Wasserstoff, Stickstoff und Schwefel. Mit ihnen könnte man beginnen, den Phönix zu bauen; genau an diesem Punkt aber bricht Krasznahorkais Buch ab.

Nicht erst seit 1989 ist in Österreich Péter Esterházy bekannt. Im Jahre 1992 hat der Autor mit »Donau abwärts« ein Buch vorgelegt, das sich als Kommentar zum Umbruch im Osten und als eine Erkundung des Begriffs von ›Mitteleuropa‹ verstehen läßt. Wie wir wissen, nimmt Esterházy in seinen Büchern immer wieder auf andere Texte Bezug. Er verfertigt Paraphrasen und montiert Textteile, verwendet also Verfahren, die gemeinhin mit dem Begriff der Postmoderne bezeichnet werden.

In »Donau abwärts« dienen einerseits das Buch von Claudio Magris (»Donau. Zur Biographie eines Flusses«) sowie streckenweise gewisse Textpassagen von Peter Handke als Ausgangspunkt. An einer Stelle bezieht sich Esterházy direkt auf den österreichischen Dichter, wenn es mit – verändertem Vornamen – heißt: Ja, diesen István Handke müßte man reisen lassen, in dessen »hübschen Geschichten« die Welt noch ganz »unversehrt« sei.

Bei Esterházy ist nichts mehr unversehrt, auch wenn der Autor dem Fluß auf seiner genuinen Route folgt, vom Ursprung bis hinunter ins Schwarze Meer. Gleich zu Beginn statuiert Esterházy eine sehr wichtige Aussage, derzufolge – rein hypothetisch – die Donau etwas Ganzheitliches verkörpere: »Die Donau ist das Ganze, die Donau ist die Form«.

Diese Vorstellung von Ganzheit, hinter der eine ganzheitliche Vorstellung von ›Mitteleuropa‹ steht, zerfällt dem Autor während seiner Fahrt. Zu schwer trägt der Donaureisende bei Esterházy am Gepäck des 20. Jahrhunderts.

Die Fahrt löst sich in viele Einzelteile auf, die kulturgeschichtlichen Versatz- und Kriminalstücke, die Geschichten von Städten und Bergen, die Skurrilitäten aus dem bunten Fundus der Donaubücher schiebt der Autor vor sich her, wie der Fluß sein Gerölle.

Anders als bei Magris wird bei Esterházy Kulturgeschichte nicht als Beruhigungsmittel verabreicht; innerhalb des Donauraumes stiftet das Vergangene keinen aktuellen Zusammenhang. An der Donaumündung versiegen die Geschichten dann vollends. Es gibt nichts mehr zu erzählen und zu erklären. Im Hafen von Sulina notiert der Reisende nur mehr fremde Schiffsnamen: »Amurg, Colina, Zheica, Semnal.«

Was Péter Esterházy mit »Donau abwärts« betreibt (und seitens der österreichischen Rezeption teilweise recht genau gesehen wurde), ist eine Demontage Mitteleuropas. Diese erfolgt nicht mutwillig, sondern bildet das Eingeständnis eines de facto herrschenden Zustandes, hinter dem die Ersetzung von Kultur durch Wirtschaft steckt: »Eine Packung KENT wird ihnen das Leben erleichtern. Darin liegt der Zauber und die Drohung Mitteleuropas.« Die alten Mythen von der »Landstraße, die Völker verbindet«, haben ausgespielt.

Der vierte und letzte Autor gehört dem Feld der Avantgarde an, und das heißt schon, daß er wenig Publikum findet. Es handelt sich um Dezső Tandori, einen Autor, von dem Bücher in zwei österreichischen und einem Schweizer Verlag erschienen sind (von der Kritik wurden diese Publikationen kaum wahrgenommen).

Dabei ließen sich auch die formal avancierten Text- und Bildbände Tandoris, die die herkömmlichen Gattungsgrenzen sprengen, als Kommentar zu den real existierenden ungarischen Verhältnissen verstehen. Tandori praktizierte während der letzten Jahrzehnte (im Leben wie im

Schreiben) einen radikalen Rückzug in eine zur Absurdität gesteigerte Privatwelt. Seit seiner Kindheit logiert er in einer Wohnung bei der Budapester Kettenbrücke, in ihr betreute er die Sammlung seiner Plüschbären und ließ sie Kartenturniere oder auch sogenannte Fitschigogerlmeisterschaften ausfechten.

1977, ein wesentliches Datum in Tandoris privater Mythologie, nimmt er den ersten seiner Spatzen, Szpéró, bei sich auf. Elf Jahre, so lange lebte das Tier, geht der Autor nicht mehr auf Reisen. Anschließend entdeckt er seine Leidenschaft zu Pferden. Tandori fährt zu den Rennen nach Paris, Düsseldorf und Wien, schließt Wetten ab, erkennt im Zusammenklappen der Flügel des Krieauer Startautos den letzten Flügelschlag Szpérós wieder.

Szenen und Ereignisse wie diese (»das ist die Grundgeschichte«) werden in den Texten Tandoris einer beständigen Wiederholung unterzogen. Zwischen den Höhepunkten des eigenen Daseins stellen sich für den Autor stets neue Verbindungslinien her. In ihrer Gesamtheit reichen diese über die eigene Privatexistenz hinaus: In den Namen seiner Vögel und Bären schafft Tandori ein Archiv des Abseitigen und Entlegenen, in den simulierten Meisterschaften entwirft er ein Zerrbild der ungarischen Wirklichkeit; die Schrullen des Autors und seiner Privatwelt stellen sich als ein gesellschaftlich Gewordenes dar.

Auf dem Markt der Literatur, wo es um Auflagenhöhe und internationale Lizenzen geht, läßt sich mit Autoren wie Tandori nichts gewinnen. Immerhin wäre zu hoffen, daß sich ein Marktevent wie die Frankfurter Buchmesse nicht nur zur Propagierung der großen und bekannten Namen, sondern am Rande auch zur Plazierung der kleinen und feinen Happen nutzen läßt.

Aus dem Themenschwerpunkt 1999 erwächst Ungarn ohne Zweifel eine nicht geringe Chance, und es wird sich weisen, ob diese Chance besser und breiter genutzt werden kann, als dies vor wenigen Jahren mit Österreich der Fall war. Daß in Ungarn noch jede Menge Literatur zu entdecken wäre, steht außer Frage. Die Spatzen pfeifen auch schon ein paar neue Namen und einige bislang liegengelassene Bücher vom Dach: Pál Závada, László Márton, Zsófia Balla; sowie Texte von László Darvasi und – ein wirkliches Desiderat der Übersetzung – endlich auch der »Produktionsroman« von Péter Esterházy.

Wenn auch nur einige dieser Wünsche in Erfüllung gehen, gibt es eigentlich keinen Grund, sich nicht auf den Herbst zu freuen.

Verwendete Literatur:

György Dalos: Vom Propheten zum Produzenten. Zum Rollenwandel der Literaten in Ungarn und Osteuropa. Wien: Edition Wespennest 1992

Péter Esterházy: Donau abwärts. Aus dem Ungarischen von Hans Skirecki. Salzburg: Residenz 1992

Imre Kertész: Roman eines Schicksallosen. Aus dem Ungarischen von Christina Viragh. Berlin: Rowohlt 1996

László Krasznahorkai: Melancholie des Widerstands. Aus dem Ungarischen von Hans Skirecki. Zürich: Ammann 1992

Dezső Tandori: Startlampe ohne Bahn. Aus dem Ungarischen von Christine Rácz, mit einem Nachwort von Julianna Deréky. Graz: Droschl (Essay 21) 1994

Dezső Tandori: Stafette. Prosa und Dichtungen. Hg. und mit einem Nachwort versehen von Julianna Deréky. Aus dem Ungarischen von Christine Rácz. Klagenfurt: Wieser 1994

Dezső Tandori: Langer Sarg in aller Kürze. Evidenz-Geschichten (mit Zeichnungen des Autors). Aus dem Ungarischen von Hans-Henning Paetzke. Zürich: Ammann 1997

KURT NEUMANN

Ein Festland des Schreibens in Sicht

Wenn wir die heutige Situation als eine der Neuordnung von Mächten, Ohnmächten und Gesellschaftlichkeiten in Europa verstehen, so könnte durch eine Spiegelung mit vergleichbaren Phasen unser Urteilsvermögen geschärft werden. Budapest, Wien und Frankfurt waren einmal, in einer kühnen Strategie zwischen wechselnden Kräfteverhältnissen und Abhängigkeiten, miteinander verbunden; die mittlerweile zu einem Stück glänzender rhetorischer Literatur geschmolzene Rede des Finanzministers Lajos Kossuth vor dem Pester Landtag am 11. Juli 1848 legt davon ein beredtes Zeugnis ab. Heute gibt Wien im Kalkül der ungarischen Gegenwartsliteratur auf dem Weg in die Löwengrube des Literaturbetriebs weder eine denkerische noch eine strategische Zwischenstation ab, weil es hier der für einen kontinuierlichen literarischen Austausch mit der ungarischen Literatur nötigen strukturellen und ideellen Kontinuitäten und Inititativen auf breiterer Basis mangelt.

Die große österreichische Unterlassenschaft dieses Jahrhunderts gegenüber der ungarischen Literatur wird sich mit den Selbstarien gegenwärtiger Mikroverdienste nicht übertönen lassen, deren Widerhall ohnehin in der entseelten Wüste der Literaturbetriebsamkeit verloren bleibt.

Gäbe es nämlich diese Unterlassenschaft nicht, so wäre zum Beispiel das Gedicht »Számozott költemények: 15./Numerierte Gedichte: 15« (1921; Übersetzung: Pál Deréky und Barbara Frischmuth, 1996) nicht nur längst in den Kanon der Wiener Dichtung aufgenommen, sondern auch im ungarischen Original zitierbar, bekannt und (auch mir, der ich mich mehr in der Tradition der Unterlassenschaft denn anderswo bewege) verständlich; denn es ist nicht nur ein denkwürdiges und bedeutendes Gedicht, sondern von Lajos Kassák (1887–1967) in seinen »Wiener Jahren« geschrieben und hier auch erstmals veröffentlicht worden.

Damit dieses Gedicht auch in »unserem« Wiener Kanon verankert sei, hätte eine jahrzehntelange Übung von Selbstverständlichkeit, ein kollegiales, nachbarschaftliches, auf sprachlicher und ideeller Gleichberechtigung basierendes Verhältnis zwischen der ungarischen und österreichischen Literatur in all ihren Instanzen gelehrt und instrumentiert zu haben, vorausgehen müssen.

(Am Ende des Jahrhunderts haben wir in Wien immerhin die Möglichkeit, durch das zweisprachige Standardwerk des in Wien lebenden und lehrenden Pál Deréky, »Lesebuch der ungarischen Avantgardeliteratur (1915 bis 1930)«, dieses Gedicht kennenzulernen. Daß Derékys Buch vom österreichischen Verlagspartner nicht in einer substantiellen Kooperation mit dem Budapester Argumentum Verlag mit Nachdruck vertreten, sondern in gnädiger Weise »in Kommission« genommen wurde, illustriert ganz gut die festgefressene österreichische Gönnerhaltung gegenüber dem geistigen Geschehen in Ungarn, der erst im letzten Jahrzehnt Schrittchen für Schrittchen die Haltungen entgegenzutreten beginnen, derer man sich nicht mehr zu schämen brauchte.)

Die Schriftstellerin Barbara Frischmuth, deren jahrelange übersetzerische Mitarbeit die Herausgabe Derékys informativer und umfassender Arbeit ermöglichte, verpflichtete sich einem Arbeitsethos, das den Schriftstellerinnen und Schriftstellern in Ungarn als so gut wie selbstverständlich gilt, das in dieser Form in Österreich als kollektiver Codex unbekannt ist: Arbeiten der dichterischen und schriftstellerischen Zeitgenossenschaft anderer Sprachen zu übersetzen. Was hier also die nur marginal registrierte Ausnahme und »Privatvergnügen«, gilt in der ungarischen Literatur als soziale Tugend des schriftstellerischen Daseins. Die Aufhebung der politischen Pragmatik des Gebrauchs der eigenen Landessprache durch die Einmischung eines substantiell anderen, daher aber von aktueller Lebenspragmatik gereinigten Sprachausdruckes, wächst sich so vorerst quasi als technische Erweiterung der eigenen Sprachregister aus, die eine produktive Vertiefung und Differenzierung nach sich zu ziehen vermöchte. Hierzulande hingegen beschäftigen sich die variantenreiche Wiederholung und die erfindungsreiche Demontage der Satzmajestäten fast ausschließlich mit dem eigenen Sprachkorpus, der Reichtum der dichterischen Sprache rührt tendenziell aus der Abstumpfungs- und Abbrucharbeit am Sprachgefüge, das für einige Generationen durch die gesellschaftlich vollzogene Katastrophe der deutschen Sprache der 30er und 40er Jahre gebrandmarkt bleibt. Grundsätzlich andere Strategien, die Verhaftung eigener, sprachlicher Bedingtheit zu sprengen, ein substantieller Unterschied, für die »Schwierigkeit« und »Unübersetzbarkeit« der ungarischen literarischen Sprache nicht weniger bedeutend als die tatsächliche Unterschiedlichkeit der Sprachstruktur. Diese läßt sich immerhin wahrnehmen, sie ist codifiziert, ein offenkundiges Regelwerk läßt sich lernen und lehren. Auch nicht lehren und lernen läßt sich die Art und Weise, wie literarisches Schaffen, »die Literatur«, politisch in einem Gesellschaftsgefüge positioniert und verstanden ist, lassen sich informelle Rahmenbedingungen der Literatur, auf die sich literarische Werke explizit beziehen, auf die literarische Werke von der Zeit- und Sozialgenossenschaft implizit bezogen werden, von einem Land und seiner Sprache, in der ein Schriftsteller Präsident der Republik ist, in der andere, anerkannte Dichter und Politiker Führer welcher politischer Parteien auch immer sind, übersetzen in die Sprache von Ländern, in denen kein Mensch auch nur einen Schriftsteller, eine Schriftstellerin namhaft machen könnte, die als wünschenswerte Kandidaten für ein Präsidentenamt der Republik, für die Führung einer republikweit tätigen politischen Partei bei einer noch so kleinen Gruppe von Menschen verschiedener Gesellschaftsschichten vorstellbar wären. György Dalos hat zwar in seinem Essay »Vom Propheten zum Produzenten. Zum Rollenwandel der Literaten in Ungarn und Osteuropa«, den er als Vorlesungsreihe für die Alte Schmiede gefaßt hatte, gewichtige Anhaltspunkte für einen substantiellen Wandel des Selbstverständnisses der literarisch tätigen Ungarn formuliert, dennoch hat das öffentliche Verständnis des Schriftstellers in Ungarn einige von ihnen in die politischen Funktionen gebracht, die sie innehaben, und vermag, diese ebendort zu halten. In seinen »Perspektiven der Ungarischen Gegenwartsliteratur« (1991) kehrt László F. Földényi die von Dalos skizzierte Entwicklungsperspektive faktisch um, doch blieben auch deren textuelle Konsequenzen unübersetzbar: »Daß sich ein Schriftsteller auf den Präsidentenstuhl setzt, zeugt von einem Verhältnis zwischen der hiesigen Literatur und Politik, wie es in Westeuropa so gut wie unbekannt und deshalb schwer zu verstehen ist. Denn die Literatur hat sich ihre Rechte hier nicht gegen die Politik erkämpft (mit ein wenig humanistischem Pathos gesagt: wir bekommen nicht vorgeführt, daß die ›schmutzige‹ Politik vor der ›edlen‹ Kultur das Knie beugt), sondern im Gegenteil: sie erfüllt eine jahrhundertelange Mission, sie ist nicht mehr politisierend, sondern politisch ... Sie vertritt die politische Öffentlichkeit nun nicht mehr aus unausgesetzter Opposition, sondern auch als Machtinstitution.«

Die Tatsache eines politischen Verständnisses und Selbstverständnisses von Schriftstellern und schriftstellerischer, poetischer Arbeit – sei es nun konstant oder mehr oder minder auf dem Weg, auf den westlichen Salonhund zu kommen – und dessen institutionellen Konsequenzen, kann gar nicht ohne Rückwirkung auf die unmittelbare Textgestaltung bleiben. Politik und Literatur bewegen sich im selben Raum, und es steht der Literatur und deren Protagonisten die Wahl, sich in einem ästhetischen, selbstreferentiellen Freiraum zu bewegen, nicht offen, solange das Selbstverständnis der Gesellschaft nicht als eines von vielen partikulären Subsystemen formiert ist. Das bedeutet jedoch, daß, solange sich literarische Texte in einem ganzheitlich verstandenen gesellschaftlichen Raum bewegen, die politische Kritik an ästhetischen Gebilden etwas Unvermeidliches und Selbstverständliches bleibt. Földényis Darstellung zeigt, daß dies eine zwangsläufige Konsequenz der politischen Mission der Literatur sei.

Dieser Kontext, dieser Subtext jeder literarischen Arbeit kann durch nichts in Sprachen von Gesellschaften übersetzt werden, in denen von der Seite des tendenziellen Subsystems Politik und der Seite des ausgeprägten Subsystems Kunst alles darangesetzt wird, den Hiatus zwischen Politik und Kunst undurchlässig zu machen. Ob das Postulat der »Freiheit der Kunst« zwangsläufig Freiheit vor Politik bedeute und bedeuten solle, oder etwa Freiheit von Gesellschaft, muß noch umfassender Gedankenarbeit unterzogen werden. Das pragmatische Abdichtungsmittel zwischen Kunst und Politik sind der Begriff »Kultur« und seine Handlanger, die Schar der Kulturfunktionäre. Für eine Analyse des Gefüges, auf das also die übersetzten Arbeiten der ungarischen Gegenwartsliteratur stoßen, bildeten etwa die Überlegungen des Schriftstellers Michael Scharang einen tauglichen Ausgangspunkt, aber das muß andernorts weiter behandelt werden. Umso unabweislicher wird aus dem bisher Entwickelten, daß die naive Definition von Ungarischer Literatur als Summe der literarischen Werke ungarischer Sprache ungenügend ist. Die Vermittlungsinstanzen, Funktionäre, Interpreten, Unternehmer, Händler prägen allein durch die Tatsache ihrer Existenz den Begriff der Ungarischen Literatur, genauso, wie sie das für eine österreichische oder deutschsprachige Literatur tun. Mit welchem Selbstbewußtsein sich Autorinnen und Autoren mit ihren Arbeiten in diesem Verbund von Funktionalismen und Bedeutungen bewegen können, hängt vermutlich mehr von der gesellschaftlichen Strukturierung als von der individuellen Intention ab.

Mindestens so stark wie die soziale Notwendigkeit von Uniformierung wirkt – auch in jeder literarischen Gesellschaftlichkeit – die Notwendigkeit der Differenzierung und Abgrenzung. Und vermutlich ist in jedem literarischen Gefüge offener als im gesamtgesellschaftlichen Gefüge (weil dort eine existentielle Abgrenzung mit ästhetischen Argumenten geführt werden kann) eine permanente »Identitätsschlacht« im Gange, ein Spiel mit ernstem Hintergrund um die Frage-, zugleich Infragestellung, welcher Protagonist des Besonderen weshalb zu wem gehöre oder nicht gehöre. Dalos hat für einen Teil dieses Spieles in der ungarischen Literatur in seinen »Wiener Vorlesungen zur Literatur« einen klarsichtigen Befund formuliert: »Mit dem Auftreten der Populisten auf dem Schauplatz der ungarischen Literatur ergab sich eine Spaltung, deren Konsequenzen bis heute spürbar sind. Die übertrieben scharfe und ideologisch motivierte Unterscheidung in ›Dorf‹-

und ›Stadt‹-Literatur, in ›Populisten‹ und ›Urbanisten‹, diente jahrzehntelang der offiziellen Kulturpolitik als Vorwand, Autoren und Gruppen gegeneinander auszuspielen.«

Imre Kertész hat eine weitere Facette dieses permanent geführten Identitätskampfes in seinem Buch »Ich – ein anderer« dargelegt: Frage: »Warum muß man (gemeint ist ein Teil der Literaturkritik in Ungarn; Anm. K.N.) mich einen ›ungarischen Schriftsteller‹ nennen, wenn ich meine Geschichten doch (größtenteils) in einer ungarischen Umgebung ansiedle und (immer) auf ungarisch schreibe? Wozu diese fast provokative Feststellung: ›ungarischer Schriftsteller‹? Offenkundig, weil ich keiner bin. (Offenkundig, weil sie mich nicht für einen solchen halten.)«

Gerade bei einem Anlaß, der auf repräsentativ formulierte Identitäten setzt, ist es hilfreich, sich bewußt zu halten, daß es sich hierbei nicht um »natürliche« Größen, sondern um Momentaufnahmen intentionaler Akte, die selbst einem ideellen und materiellen Wechselspiel ausgesetzt sind, handelt. Diese strategischen Klassifikationen und Unterscheidungen führen zugleich vor, daß sie zwar aus einer umschriebenen gesellschaftspolitischen Situation verständlich sind, daß jedoch, sollen sie aufrecht erhalten werden, der Gedanke einer Autonomie des Textes preisgegeben wird. Der Machtanspruch der Repräsentativaussage, der Klassifikation, erweist sich dann stärker als eine »Unmittelbarkeit des Textes«.

So stark die Scheinwerfer der westlichen Kulturindustrie vor und für die Buchmesse auch strahlen, so raffiniert die Maskenbildner auch zu Werke gehen werden, die tiefen Spuren, mit denen ein politisches Verständnis die Literatur in Ungarn gezeichnet hat, werden dieser nicht abzuschminken sein. Im Schatten wird, nicht im Detail, aber von seiner Substanz, der Grund des Schreibens, der Boden, auf dem der Literatur ihre Früchte zuwachsen, erkennbar. Das ist weniger eine bei offiziösen Anlässen beliebte Flucht in die Metapher, sondern das Bekenntnis, daß unsere analytischen Begriffe zu kleinteilig sind, um etwas komplexes Ganzes benennen zu können.

Sagen wir also, daß an der ungarischen Literatur der Teil der Welt, in dem die fundamentale Begründung des Schreibens aufgehoben ist, ein Festland des Schreibens deutlicher hervortreten kann, als dies an »Literaturen« von Gesellschaften, die durch fortgeschrittenste Arbeitsteilung, Verhärtung und zunehmende Distanzierung gesellschaftlicher Substrukturen geprägt sind, je noch sichtbar werden könnte.

Zwei Persönlichkeiten, denen die Besucher der Alten Schmiede jedoch persönlich haben begegnen können, möchte ich als Stellvertreter für alle Schriftstellerinnen und Schriftsteller Ungarns, mit denen denkwürdige Begegnungen in der Alten Schmiede gewährt waren, noch anrufen: den Schriftsteller Franz Fühmann, dem die deutschsprachigen Lesenden für seine umfassenden Nachdichtungen der ungarischen Poesie dieses Jahrhunderts zu tiefstem Dank verpflichtet sind, und der die zweite Persönlichkeit in dem von ihm herausgebrachten Band als leidenschaftlicher Herold wie folgt ankündigt: »Das sind Gedichte der Nemes Nagy Ágnes, der Königin der magyarischen Dichtung, und bei ihrem Einzug ins Land sollten Glocken schallen, und die Buchhandlungen und Bibliotheken sollten flaggen, mit Bannern und Wimpeln und Standarten in den Traumfarben der Poesie.«

Lasset also, Leserinnen und Leser, in euren offenen Sinnen die ungarische Dichtung klingen, höret deren Königin und deren Nachdichter, und ich höre die Stimme der Ágnes Nemes Nagy bei ihrer Lesung in der Alten Schmiede, höre noch ihr zigarettengewürztes Bedauern am Telephon, als sie, schon schwer krank, die Einladung, nochmals nach Wien zu kommen, nicht mehr annehmen konnte:

A képekről
Hogy szerettem a képeket!
Istenem, mennyire szerettem,
ha ott fújtattak körülöttem,
horkoltak, ideges lovak -
Befogtam őket s rajta csak!
Hogy dobtam közibük a gyeplőt,
s ha az egész már szinte feldőlt,
akkor kaptam utána gyorsan,
feszítettem és visszafogtam,
a vágta és a fékezés
két gyönyörével két karomban.

Ma hátat fordítok nekik.
Rugdalom a tér köveit.
S csak izmom rezdül meg a zajra,
mikor egy-egy mögém kerül,
s inas fejét vállamra hajtja.

Von den Bildern
Wie hab die Bilder ich geliebt!
Wie hab, mein Gott, ich sie geliebt, da pustend,
nervöse Pferde, schnaubend sie und prustend
sich dicht um mich geschart.
Einspannt ich sie, und ab die Fahrt!
Wie ließ ich lässig doch die Zügel schleifen,
fast bis zum Stürzen ließ ich sie ausgreifen,
dann faßt ich zu mit raschem Griff und stemmte
mich wider sie und spannte mich und hemmte
den Lauf, des Rennens wie des Bremsens
Lust zweifach brennend in den Händen.

Heut wend ich mich von ihnen ab,
trete des Marktes Pflaster ab,
und nur ein Zittern durch die Muskeln schlägt,
wenn mich das eine oder andre wittert
und seinen sehngen Kopf an meinen legt.

Kulturtechnokratischer Anhang: Ungarische Autorinnen und Autoren in der Alten Schmiede, Wien

Péter Balassa (13.4.1989), Attila Balázs (30.4.1992), Zsofia Balla (4.6.1998), Géza Bereményi (6.6.1979; 21.3.1984; 10./11.4.1989), Alpár Bujdosó (16.4.1982), Tamás Cseh (11.4.1989), István Császár (21.3.1984), György Dalos (13.5.1980; 10.5.1985; 5.4.1989; 5.4.1989; 18.11.1991; 11.–15.5.1992; 7./9.9.1992; 5.11.1992; 7. 3. 1994; 22. 9. 1995), László Darvasi (28.4.1992), Pál Deréky (Ö: 12. 1. 1999), István Eörsi (15. 1. 1987; 19. 11. 1991; 7. 9. 1992; 18. 2. 1998; 19. 10. 1998; 18.–22. 1. 1999), Péter Esterházy (6. 6. 1979; 7. 10. 1985; 13. 1. 1987; 16. 1. 1995), László F. Földényi (13./14. 4. 1989), Erzsébet Galgóczi (16. 1. 1987), László Garaczi (12. 4. 1989; 4. 5. 1992), Lajos Grendel (ČSSR, SK: 7. 4. 1989; 5. 5. 1992), Péter Hajnóczy (6. 6. 1979), Miklós Hernádi (15. 7. 1993), István Kemény (8. 5. 1992), Imre Kertész (13. 5. 1992; 3. 2. 1993; 7. 3. 1994; 29. 5. 1996; 10. 6. 1998), György Konrád (1. 6. 1988), András Ferenc Kovács (24.6.1999), László Krasznahorkai (12. 1. 1987), Endre Kukorelly (4. 5. 1992; 28. 5. 1998), Gyula Kurucz (21. 3. 1984), Péter Lengyel (6. 6. 1979), Iván Mándy (16. 1. 1987), János Marno (28. 4. 1992), László Márton (12./13. 4. 1989; 18. 2. 1998), Miklós Mészöly (6. 6. 1979; 4. 12. 1981), Dezső Monoszlóy (Ö: 6. 10. 1980; 12. 12. 1983), Attila Kristóf Nagy (8. 5. 1992), Péter Nádas (6. 6. 1979; 13. 1. 1986; 6. 5. 1992), Gábor Németh (4. 5. 1992), Paul Nagy (16. 4. 1982), Ágnes Nemes Nagy (12. 1. 1987), Imre Oravecz (13. 1. 1987), Tibor Papp (16. 4. 1982), Lasos Parti Nagy (24.6.1999), György Petri (15. 1. 1987), Zsuzsa Rakovszky (18. 11. 1991), Zsuzsa Szemes (9. 9. 1992), Ferenc Szijj (28. 4. 1992), Eszter Anna Szilágyi (8. 5. 1992), István Szilágyi (RO: 29. 4. 1992), László Szilasi (28. 4. 1992), Dezső Tandori (27. 4. 1992; 6. 7. 1994; 17. 1. 1997; 4. 11. 1998), János Térey (8. 5. 1992), Ottó Tolnai (YU: 7. 4. 1989), Györgyi Vándor (Ö: 29. 5. 1995), László Végel (YU: 7. 4. 1989), Julianna Wernitzer (Ö: 16. 1. 1995), Tibor Zalán (16. 1. 1987)

IV

VERLAGE, ZEITSCHRIFTEN

GEORG OSWALD

Ungarische Literatur in Österreich

Eine Verortung und Selbstdarstellung

Geographische Entfernungen sind meßbar. Zwischen Österreich und Ungarn kann man diese je nach den Bezugspunkten festlegen. Eine geistige Nähe oder Weite festzumachen ist schon ein bei weitem schwierigeres Unterfangen. Man möchte annehmen, beide Länder verbinde »etwas« aufgrund historischer Entwicklungen. Eine kurze Zeit nach dem Fall der Mauer hörte man in Österreich, aus welchem Grund auch immer, vermehrt von dieser Vergangenheit sprechen. Davon ist heute nur noch wenig übriggeblieben. Im Gegenteil, von der einstmals beschworenen Geschichte in einem angenommenen Zentrum Europas ist heute die Angst vor einer »Osterweiterung« geblieben.

Von wirtschaftlichen Absatzmärkten und touristischen Angeboten abgesehen, beschäftigt uns die Frage nach der Literatur. In einer Umfrage unter rund 20 einschlägig informierten Personen, darunter Verlagsleiter, Lektoren, Herausgeber von Zeitschriften und Veranstalter, wurde versucht herauszufinden, wie ungarische Literatur in Österreich wahrgenommen wird. Keine wissenschaftlichen Analysen waren gefragt, sondern kurze Statements sollten einen Überblick schaffen, was sich über längere Zeit hinaus, ungeachtet eines medialen Großereignisses wie dem eines Buchmessen-Schwerpunktes, an Vermittlung in Österreich ereignet hat.

Rund drei Viertel der ausgeschickten Briefe fanden in irgendeiner Form eine Antwort. Bei der Auswahl der Antworten sollten Wiederholungen vermieden werden. Überschneidungen ergeben sich auch aus den gestellten Fragen, sodaß einem abgerundeten Bild der Antworten gegenüber einer genau eingehaltenen Reihenfolge der Vorzug gegeben wurde. Jeder Brief versuchte, auf den spezifischen Adressaten genauer einzugehen, seinen Beitrag zur ungarischen Literatur herauszustreichen. Die gestellten Fragen waren in allen Briefen gleich, die dritte wurde nur an Verlage gerichtet:

- Wie würden Sie als Herausgeber, Verlagsleiter oder Veranstalter die Rolle der ungarischen Literatur in Österreich beurteilen?
- Inwieweit läßt sich für die vergangenen zehn Jahre in Österreich eine Änderung in der Rezeption ungarischer Literatur beschreiben?
- Im gesamten deutschsprachigen Raum nimmt das österreichische Verlagswesen einen an Auflagen gemessen vergleichsweise kleinen Stellenwert ein. Wie würden Sie als Verleger die Chancen beschreiben, die eine Nischenfunktion am deutschsprachigen Buchmarkt gerade in bezug auf ungarische Literatur bietet?
- Wie entstehen Ihre Kontakte zu ungarischen Schriftstellern?

Diese Fragen lassen vieles offen, sie sollten aber eine Hilfestellung sein, um dieses geistige, literarische Verhältnis Österreich-Ungarn in den letzten zehn Jahren zu erkunden. Die Antworten wurden in einer Länge erbeten, die fünf Zeilen nicht überschreiten sollte.

»Beziehen Sie um acht Uhr morgens Stellung beim Stephansdom in Wien. Versuchen Sie, bis fünf Uhr abends Antwort auf zwei Fragen zu bekommen. Wer war Endre Ady? Wann hat Sándor Weöres das Galoppderby gewonnen? Jeden, der auch nur eine treffende Antwort gibt, laden Sie zum Essen in den ›König von Ungarn‹ ein. Sie werden alleine am Tisch sitzen«, meint Herbert Ohrlinger, Programmleiter des Wiener Zsolnay Verlages in Hinblick auf die prekäre Situation um das Nicht-Wissen oder Nicht-Kennen ungarischer Literatur in Österreich.

Wir nehmen diese Anregung ernst und sitzen schon vor Fünf in besagter Lokalität, alleine, wir dürfen uns auch selbst zum Essen einladen, aber an den Tischen ringsum bemerken wir auch andere, die ebenfalls alleine Platz genommen haben und versuchen, auf dem schmalen Rand der Bierdeckel Aufzeichnungen unterzubringen.

Rainer Götz, Lektor des Grazer Droschl Verlages, stellt die Rolle der ungarischen Literatur in Österreich in einen größeren Zusammenhang: »Die Rolle aller ›kleineren‹ Literaturen östlich und südöstlich Österreichs ist im gesamten deutschsprachigen Raum auf eine ganz typische Weise marginal, und darüber täuschen auch gelegentliche ›Feigenblätter‹ nicht hinweg, die ab und zu vom Feuilleton (und auch dann in Deutschland, nicht in Österreich!) installiert werden (Dalos etwa, oder Konrád).«

Der Verleger Christian Thanhäuser, in dessen Haus das beachtenswerte Unternehmen geglückt ist, daß ein ungarischer Schriftsteller im Deutsch des 19. Jahrhunderts einen Text über die Verbannung des ungarischen Jakobiners János Batsányi veröffentlicht, fügt dem hinzu, daß »ganz allgemein die besten Dichtungen derzeit im östlichen Teil Europas zu finden sind, so auch in Ungarn und Siebenbürgen«. Und: »Die österreichischen Medien haben sich in den vergangenen zehn Jahren keine großen Verdienste um die Vermittlung von ungarischer Literatur erworben, die USA liegen nach wie vor näher als etwa Pécs.«

Die Vorsitzende der Österreichischen Gesellschaft für Literatur, Marianne Gruber, verweist auf die veränderten

Rezeptionsbedingungen der letzten Jahre: »Die ungarische Literatur wurde seit dem Fall des Eisernen Vorhangs ausschließlich durch einige wenige SchriftstellerInnen wahrgenommen. Da das Problem der Dissidenten weggefallen ist, hat sich das Augenmerk auf die zeitgenössische ungarische Literatur deutlich verringert. Selbstverständlich sind jene SchriftstellerInnen, die zum klassischen Bestand der Literatur der Jahrhundertwende gehören, nicht aus der Aufmerksamkeit verschwunden.«

Es sind immer wieder dieselben Namen, die stellvertretend für die ungarische Literatur genannt werden. Jochen Jung vom Residenz Verlag in Salzburg konstatiert, daß »ein gesamtes Interesse an der ungarischen Literatur gar nicht besteht, sondern nur an Nádas, Kertész, Esterházy, Konrád und Krasznahorkai; eine Intensivierung des Interesses ist nicht zu erwarten«. Und: »Die Rolle der ungarischen Literatur in Österreich entspricht sicher nicht der Intensität der Vergangenheit, die die Geschichte nahelegt. Einer Handvoll bekannter Autoren steht ein Nichtwissen über alle anderen zur Seite.«

Wenn man aufgrund historischer Verbindungen ein intensiveres Interesse annehmen möchte, so findet dieses in der Literatur nicht im erwarteten Ausmaß statt.

Robert Steinle, Mitherausgeber der Zeitschrift *perspektive* und Initiator einer Ungarn-Sondernummer, schätzt »die Rolle ungarischer Literatur im Verhältnis zur geographischen und vielleicht auch kulturellen Nähe als noch immer zu wenig gewürdigt ein. Gäbe es nur kurzfristige wirtschaftliche Verlegerinteressen, läge der Bekanntheitsgrad noch um einiges darunter. Das Interesse an ungarischer Literatur zu wecken erfordert mehr Einsatz, als es etwa afrikanische oder südamerikanische Literatur nötig hat.«

Walter Famler, Herausgeber der Zeitschrift *Wespennest*,

in deren »Buchreihe Wespennest Essay« György Dalos' »Vom Propheten zum Produzenten« erschienen ist und sich 1500 mal verkauft hat, erklärt, daß »man bei einem österreichischen Leser keine besondere Prädestination für ungarische Literatur ausmachen kann, der historische Kontext ist in Österreich nicht stärker ausgeprägt als sonstwo. Und für einen Verleger ist das Herkunftsland eines Textes sekundär, im Blickpunkt des Interesses steht die Qualität eines Textes.«

Dennoch scheint sich bei der Beschäftigung mit ungarischer Literatur in Österreich etwas verändert zu haben. Daniela Strigl, Chefredakteurin der (zur Zeit eingestellten) Kulturzeitschrift *was*: »Manche Dissidenten wurden, ihres heldenhaften Glanzes beraubt, in ihrer literarischen Dürftigkeit erkannt. Die Beziehung zur ungarischen Literatur ist ohne den Pep des Widerstands eine normal-nachbarschaftliche geworden – nicht anders als jene zur, sagen wir, italienischen Literatur, vielleicht eine Spur neugieriger.«

An diesem Punkt setzt auch Marianne Gruber noch einmal nach: »Durch den Zusammenbruch des kommunistischen Regimes in Ungarn sind eine Reihe von AutorInnen, die sich kritisch mit ihrem Land auseinandergesetzt haben, vom Buchmarkt verschwunden. Jene, die während der letzten Jahre in Ungarn zu schreiben begonnen haben, sind nur teilweise ins Deutsche übertragen worden, daher gilt die Aufmerksamkeit nicht der ungarischen Literatur an sich, sondern nur einzelnen Personen.«

Robert Steinle beantwortet die Frage nach der Veränderung in der Rezeption ungarischer Literatur aus der Perspektive der Vermittlungsbedingungen: »Die Veränderung läßt sich daran ersehen, daß eine Rezeption vor 1989 aufgrund des Mangels an übersetzten Texten marginal war. Erst nachdem Initiativen wie KulturKontakt oder das

Übersetzerhaus am Balaton geschaffen worden waren, begann der Aufschwung bzw. die Möglichkeit der Rezeption. Mit dem Einzug einzelner Autoren in österreichische (Klein)Verlage und anderen Projektinitiativen kam es zu einer sukzessiven bis wachsenden Publizität.«

Österreichs Verlagswesen bildet lediglich ein untergeordnetes Segment des deutschsprachigen Buchmarkts. Gerade das ist für Rainer Götz auch eine Gelegenheit, denn: »Dank unseres Verlagsförderungssystems haben wir die Chance, nicht ausschließlich auf leicht verkäufliche Ware setzen zu müssen, sondern können (und müssen!) ein differenzierteres Bild gegenwärtigen Literaturschaffens, z. B. auch in Ungarn, verbreiten. Die Veränderung in der Rezeption ungarischer Literatur in Österreich ist schwer zu trennen von den Veränderungen im gesamten deutschsprachigen Bereich; außer dem Residenz-Verlag hat meines Wissens nur Droschl kontinuierlich an der Vermittlung ungarischer Literatur gearbeitet – alles andere spielte sich in der BRD ab.« Das mag nach Eigenlob klingen, doch wer einen Blick auf die verlegten ungarischen Autoren in österreichischen Verlagen wirft, wird dem zustimmen. Droschl hat bereits 1990 und 1993 zwei Anthologien österreichischer und ungarischer Autoren mit den jeweiligen Übersetzungen veröffentlicht.

Jochen Jung hingegen spricht dem österreichischen Markt eine Sonderstellung ab: »Der Markt für österreichische und deutsche Verlage ist eigentlich derselbe, von einer Nischenfunktion kann man nicht sprechen. Will man die Möglichkeiten für österreichische Verlage verbessern, dann durch die Übernahme der Übersetzungskosten über das laufende Jahr hinaus.«

Aus seiner Sicht als Verlagsleiter beschreibt Christian Thanhäuser die Einschätzung ungarischer Literatur in Österreich folgendermaßen: »Lyrik und Kurzprosa ist in den Programmen der größeren Verlage bestenfalls eine Randerscheinung, den Buchhaltern ein Dorn in der Bilanz. Für kleinere Verlage gäbe es im Osten viel zu entdecken, die meisten tun es leider nicht (weil sie selber zu wenig lesen). In Deutschland und in der Schweiz wird auch ein Buch aus einem kleinen österreichischen Verlag beachtet – sofern über Jahre hinweg Qualität geboten wird.«

Walter Famler sieht die Tendenz, daß ungarische Autoren versuchen, zuerst in Deutschland Fuß zu fassen, als nichts Ungewöhnliches. Denn auch österreichischen Autoren ist der Weg nach Deutschland nicht unbekannt. Schließlich möchte er auch noch auf die Rolle der ehemaligen DDR als Vermittler ungarischer Literatur für den deutschsprachigen Raum verweisen.

Grundsätzlich positiv bewertet Barbara Tobler vom Literaturhaus Mattersburg ihre Einschätzung der letzten Jahre: »Seit der Wende erscheint ungarische Literatur vermehrt in deutschsprachigen Verlagen und ist so über Bücher und Zeitschriften in adäquater Übersetzung präsent.« Das Konzept »Mittel- bzw. Zentraleuropa« rückt sie von der Peripherie ins Zentrum. »Gegenwärtig ist ein Prozeß der Vermittlung zwischen der ungarischen und der deutsch- bzw. englischsprachigen Literatur zu bemerken.«

Herbert Ohrlinger faßt für sich zusammen: »Die Chancen für Bücher aus sogenannten kleinen Literaturen werden trotz Großereignissen á la Buchmesse Frankfurt immer geringer. Andererseits ist diese die einzige Möglichkeit, Aufmerksamkeit zu erreichen. Ein Verlag wie der unsere muß versuchen, Bücher und Autoren herauszubringen, die über die Nische hinaus wirken.«

Bei allen unterschiedlichen Einschätzungen der Rolle ungarischer Literatur in Österreich herrscht im Bereich der Vermittlungsarbeit Einigkeit. Es sind vor allem persönliche Kontakte zu den Autoren und Übersetzern, die ungarische Literatur in Österreich bekannt machen. Und dabei spielen Institutionen eine unterstützende Rolle.

Marianne Gruber: »Die Österreichische Gesellschaft für Literatur bemüht sich, die Literatur der Nachbarländer vorzustellen, sobald deutschsprachige Übersetzungen vorliegen. Da in Wien in der Alten Schmiede, im Literaturhaus und im Collegium Hungaricum ebenfalls Neuerscheinungen präsentiert werden, erreichen wir kein vollständiges Bild der übersetzten ungarischen Literatur.«

Karin Fleischanderl, neben Gustav Ernst Herausgeberin der neu gegründeten Literaturzeitschrift *kolik*, sieht in dem Raum, den diese Zeitschrift Texten aus Ungarn einräumt, keine Systematik, es sind eher zufällige Plazierungen aufgrund persönlicher Kontakte, die diese Verbindungen entstehen lassen.

Auch Alfred Kolleritsch in seiner Funktion als Herausgeber der Zeitschrift *manuskripte*, ist auf Zufälle angewiesen. Er verweist auf gute Kontakte zu Esterházy, Földényi und Tandori, doch die Beziehung habe in den letzten Jahren eher abgenommen. Péter Esterházy wird auch von Jochen Jung als Kontaktperson genannt, die ungarische Literatur an den Verlag vermittelt, neben einer Lektorin, die selbst drei Jahre in Budapest gelebt hat und daher ungarisch spricht. Verlage bieten wiederum die Kontakte für Thomas Friedmann, den Leiter des Salzburger Literaturhauses, der ganz allgemein die Rolle der ungarischen Literatur in Österreich für zu wenig präsent hält.

Noch einmal Herbert Ohrlinger: »Übersetzer, Kritiker, Journalisten einerseits, Zeitschriften und Verlage andererseits, bilden ein mehr oder minder dichtes Netzwerk, in dem jeder seine eigenen Interessen verfolgt, in dem aber auch jeder weiß, daß er die anderen braucht.«

Auswahlbibliographie:

Freiheitsgespräche entlang einer Straße. Szabadságbeszélgetések egy út mentén. Hrsg. von Andrea Seidler und Mihály Szajbély. Graz, Wien: Droschl 1990

Beim Griff in das Spinnennetz. Ha belemarkolunk a pókhálóba. Hrsg. von Max Droschl und Mihály Szajbély. Graz, Wien: Droschl 1993

György Dalos: Vom Propheten zum Produzenten. Zum Rollenwandel der Literaten in Ungarn und Osteuropa. Wien: Wespennest 1992

Péter Esterházy: Eine Frau: Aus dem Ungarischen von Zsuzsanna Gahse. Salzburg, Wien: Residenz 1996

Péter Esterházy: Donau abwärts. Roman. Aus dem Ungarischen von Hans Skirecki. Salzburg, Wien: Residenz 1992

Péter Esterházy: Das Buch Hrabals. Roman. Aus dem Ungarischen von Zsuzsanna Gahse. Salzburg, Wien: Residenz 1991

László Garaczi: Plastik. Aus dem Ungarischen von Andrea Seidler. Graz, Wien: Droschl 1990

Imre Kertész, Péter Esterházy: Eine Geschichte. Zwei Geschichten. Aus dem Ungarischen von Kristin Schwamm und Hans Skirecki. Salzburg, Wien: Residenz 1994

Endre Kukorelly: Die Gedächtnisküste. Aus dem Ungarischen von Andrea Seidler. Graz: Droschl 1997

László Márton: Die fliehende Minerva oder die letzten Tage des Verbannten. Eine Erzählung. Hrsg. und mit einem Nachwort von Ludwig Hartinger. Mit Original-Holzschnitten von Christian Thanhäuser. Ottensheim an der Donau: Edition Thanhäuser 1997 (= RanitzDruck 4.)

Ferenc Szijj: Das Geheimnis des langsamen Lebens. Aus dem Ungarischen von Andrea Seidler. Graz, Wien: Droschl 1992

Dezső Tandori: Startlampe ohne Bahn. Nachwort von Julianna Deréky. Hrsg. von Walter Grond. Aus dem Ungarischen von Christine Rácz. Graz, Wien: Droschl 1994 (= Essay 21)

Dezső Tandori: Stafette. Prosa und Dichtungen. Ill. von Matjaz Vipotnik. Hrsg. und mit einem Nachwort von Julianna Deréky. Aus dem Ungarischen von Christine Rácz. Klagenfurt: Wieser 1994

Europäische Rundschau, Nr. 2: Österreich-Ungarn im neuen Europa (1995)
Landstrich. Eine Kulturzeitschrift, Nr. 12: Ungarn in neuerer Literatur und Kunst (1989)
perspektive. hefte für zeitgenössische literatur, Nr. 34 (1997/98)
Podium. Zeitschrift für Literatur, Nr. 102 (1996)
Der Prokurist, Nr. 2: Umgebung Ungarn (1990)
was. Zeitschrift für Kultur und Politik, Nr. 73: Literatur und Politik in Ungarn (1993)
wespennest. zeitschrift für brauchbare texte und bilder, Nr. 97: Literatur aus Ungarn (1994)

EDIT KOVÁCS

Viel Interesse, kein Konzept
Österreichische Literatur in ungarischen Verlagen und Zeitschriften

Wenn man die Frage, wie Präsenz und Stellenwert österreichischer Literatur in Ungarn zu bewerten wären, im Rahmen einer großen, verschiedene Gesellschaftsschichten und Berufsstände berücksichtigenden Umfrage stellte, würde man wahrscheinlich so viele verschiedene Antworten bekommen, wie es Befragte gibt: Vom vollkommenen Unverständnis über Vermutungen bis hin zu durchaus kompetenten Aussagen. Wenn man jedoch weiß, daß die Befragten allesamt wichtige Protagonisten des ungarischen Literaturbetriebs sind und die Stellungnahmen sich trotzdem in eben diesem breiten Spektrum bewegen, sieht man sich unter anderem genötigt, über die Beschaffenheit der eigenen Fragestellung nachzudenken.

Anhand der Ungarischen Nationalbibliographie läßt sich feststellen, daß in den letzten zehn Jahren etwa neunzig Bücher österreichischer Autoren in ungarischer Übersetzung erschienen sind, was an sich eine beträchtliche Zahl zu sein scheint. Bedenkt man jedoch, daß von diesen neunzig Büchern alleine Kafka und Rilke jeweils zehn Titel zu verzeichnen haben und Stefan Zweig sieben, muß man sich natürlich fragen, ob denn diese Zahl wirklich von einer *Präsenz* österreichischer Literatur in Ungarn zeugt. Selbstverständlich sollte damit nicht unterstellt werden, daß gerade diese Art von Bedenken das erwähnte breite Spektrum an Antworten bedingt.

Ziel der Untersuchung war es vor allem, die Mechanismen aufzudecken, nach denen bestimmte Texte österreichischer Literatur zum ungarischen Publikum gelangen, wobei implizit nach dem Vorhandensein eines bewußten ästhetischen Konzepts seitens der Verlage und Zeitschriften gefragt wurde. Die allgemeinen Fragen, die Verlegern und Redakteuren gestellt wurden, waren:

- Wie würden Sie das Profil Ihres Verlags / Ihrer Zeitschrift charakterisieren? Inwiefern passen die bei Ihnen herausgegebenen / veröffentlichten Texte der österreichischen Literatur in dieses Konzept?
- Aufgrund welcher Kriterien treffen Sie eine Auswahl unter den österreichischen Autoren?
- Haben Sie eine/n MitarbeiterIn, der/die sich ausgesprochen auf Österreich konzentriert? Hat Ihr Verlag/ Ihre Zeitschrift ständigen Kontakt mit ÜbersetzerInnen, die auf Texte aus Österreich spezialisiert sind?
- Wie beurteilen Sie allgemein Präsenz und Stellenwert österreichischer Literatur in Ungarn?

Antworten kamen von den Verlagen Ab Ovo, Európa, Jelenkor, Magvető und Palatinus, den Literaturzeitschriften *Jelenkor*, *Magyar Lettre Internationale*, *Magyar Napló*, *Nappali Ház* und *Tiszatáj* und vom József-Attila-Kreis (JAK), unter dessen vielfältigen Tätigkeitsbereichen die Übersetzung und Veröffentlichung ausländischer Autoren einen wichtigen Stellenwert besitzt.

Auf die ersten beiden Fragen kam von den Verlagen meistens eine sehr allgemein gehaltene Antwort. Der Ab Ovo-Verlag, bei dem die fünfbändige Autobiographie Bernhards und zwei Bücher von Jelinek erschienen sind, wurde 1991 mit dem Ziel gegründet, zu einer Werkstatt zeitgenössischer ungarischer und ausländischer Literatur zu werden. Die herausgebrachten Werke seien von einer in Wien lebenden Miteigentümerin des Verlags empfohlen worden. Ähnliches erfahren wir vom Palatinus, mit dem Unterschied, daß das nicht weiter kommentierte Kriterium »progressive Literatur« bei der Textauswahl genannt wurde. Beim Palatinus sei ebenfalls eine Bernhard-Reihe geplant, die mit der Veröffentlichung einiger Theaterstücke schon ihren Anfang genommen hat. Európa, früher bedeutendster Verlag in Sachen Weltliteratur, brachte zwischen 1989–99 Werke von Rilke, Kafka, J. Roth, Canetti, Frischmuth, Bernhard und Handke heraus, spezialisiert sich jedoch heute mehr auf englischsprachige Literatur und wissenschaftliche, historische sowie philosophische Werke aus dem deutschen Sprachraum. Die Schwerpunkte des Magvető hätten sich in diesen zehn Jahren mehr auf die ungarische Literatur verlegt. Obwohl der Verlag vor 1989 alleine in der Abteilung für Weltliteratur mehr Mitarbeiter beschäftigt habe, als heute insgesamt tätig seien, ist seinen Traditionen gemäß die »halbklassisch-klassische« Weltliteratur keinesfalls aus dem Blickfeld geraten, was im Zusammenhang mit der österreichischen Literatur jeweils ein Werk von Handke, Bernhard, Haslinger und Hackl und (zumindest geplant) eines von Doderer erbrachte. Der vor allem auf zeitgenössische Literatur spezialisierte Jelenkor Verlag hat sich der österreichischen Literatur gegenüber einerseits mit der Veröffentlichung von bisher auf ungarisch nicht zugänglichen Klassikern wie Broch oder Doderer, andererseits mit Zeitgenossen wie Donhauser, Menasse und Ransmayr verdient gemacht. Im Zusammenhang mit Jelenkor muß man auch die sehr wichtige und fruchtbare Kooperation mit dem JAK erwähnen (Donhauser- und Menasse-Übersetzungen); aus der JAK-Droschl-Verbindung sind ebenfalls zwei Bücher hervorgegangen (»Freiheitsgespräche entlang einer Straße«, 1991; »Beim Griff ins Spinnennetz«, 1993), die mit ihren zweisprachigen Textveröffentlichungen von ungarischen und österreichischen Autoren einen sehr guten Ausgangspunkt zu weiteren Dialogen liefern.

Zusammenfassend läßt sich feststellen, daß die Verlage bei der Bestimmung ihres Konzepts über das vorwiegend genannte Kriterium »zeitgenössische Literatur« hinaus eher nur mit allgemeinen Attributen wie »gut«, »wichtig« oder »bekannt« operiert haben. Damit soll jedoch keineswegs gesagt sein, daß die Verlage kein Konzept im allgemeinen hätten, vielmehr scheint evident, daß in der Verlagspolitik keine spezifische Konzentration auf österreichische Literatur gegeben ist. Das Selbstverständnis dieser Institutionen ist auch von personellen Bedingungen, persönlichen Kontakten und Präferenzen abhängig, was wahrscheinlich nicht nur das ungarische Verlagswesen, aber dieses vielleicht in verstärkter Weise, auszeichnet. Andererseits wäre es natürlich eine Naivität zu glauben, daß das Kriterium der Rentabilität, obwohl es nur in einem einzigen Fall (bei Európa) genannt wurde, nicht einen der wichtigsten Entscheidungsgründe bei der Auswahl der zu verlegenden Bücher darstellte. Insofern erklären sich etwa die sehr allgemeinen Attribute wie »wichtig« oder »namhaft« viel besser, wenn man sie mit »verkaufbar« oder »rentabel« ersetzt. Allgemein gilt für deutschsprachige Literatur, daß sie als »schwierig« und daher auch als »verlagspolitisch riskant« angesehen würde, meint man bei Európa. Der einzige Verlag, der momentan wirklich bereit sei, finanzielle Risiken für eine innovative Verlagspolitik in Kauf zu nehmen, sei der Jelenkor, meint etwa Mária Kajtár, eine Kennerin des ungarischen Verlagswesens und selbst für zahlreiche österreichische Veröffentlichungen der 70er und 80er Jahre verantwortlich. Vor der Wende sei es auch eher möglich gewesen, kulturpolitischen Präferenzen nachzugehen.

Ähnliches läßt sich zusammenfassend über die Literaturzeitschriften sagen. Die *Jelenkor* weist in der zweiten Hälfte des untersuchten Zeitraumes immer mehr Übersetzungen aus der Weltliteratur auf, konzentriert sich jedoch v. a. auf zeitgenössische ungarische Autoren. Die Auswahl der österreichischen Texte sei alleine den Vorlieben der jeweiligen Übersetzer (die oft selbst Schriftsteller und Dichter sind) zuzuschreiben, mit denen die *Jelenkor* auch sonst in engerem Kontakt stehe.

Die ausführlichste Antwort kam von *Magyar Lettre Internationale*: Die Zeitschrift sei einerseits bestrebt, sich Zeitproblemen aus möglichst vielen verschiedenen Perspektiven, durch sprachliche, kulturelle und disziplinäre Grenzgänge, anzunähern. In diesen thematischen Blocks tauchten dann auch oft Texte von österreichischen Autoren auf. Andererseits komme es immer wieder zur Vorstellung von Literatur und Kultur einzelner Länder. Ein Österreich-Block ist schon zweimal erschienen (3/1991 und 17/1995). Für die erste derartige Zusammenstellung sind Beiträge aus Partnerblättern sowie aus der Zeitschrift *Transit*, mit der ein regelmäßiger Austausch unterhalten wird, übernommen worden; für die zweite habe vor allem der damals mit dem Grazer Forum Stadtpark und dem Verlag Droschl in engerem Kontakt stehende Dezső Tandori eine Textauswahl getroffen und vieles auch selber übersetzt. Dieser starken Prägung sei es u.a. zu verdanken, daß in der zweiten Österreich-Nummer v.a. der experimentell zu nennenden Literatur ein breiter Raum gesichert wurde.

Die Literatur- und Kunstzeitschrift *Nappali Ház*, die Übersetzungen von Donhauser-, Waterhouse- und Fian-Texten veröffentlichte, gab an, kein spezielles Interesse für österreichische Literatur zu haben und schrieb die Textauswahl dem Autor und Übersetzer Ferenc Szijj zu.

Die Szegediner Zeitschrift *tiszatáj* betrachtet es seit etwa dreißig Jahren als eine ihrer wichtigsten Aufgaben, Kultur und Literatur der benachbarten Länder dem ungarischen Publikum näherzubringen. Nach wissenschaftlichen Studien zur österreichischen Literatur (6/1996) bringt die Zeitschrift eine Österreich-Nummer (6/1999) mit Texten der »dritten Generation« (Ransmayr, Fian, Schneider, Kofler etc.) heraus. Die guten Kontakte zum Lehrstuhl für Österreichische Literatur an der Szegediner Universität scheinen das Interesse an österreichischen Autoren zu fördern.

Zum Schluß sei wieder ein zweisprachiges Projekt erwähnt, die Ungarn-Nummer der Literaturzeitschrift *perspektive* (Nr. 34), die zwar v.a. ungarische Autoren einem deutschsprachigen Publikum zugänglich machen möchte, mit den ins Ungarische übersetzten Texten von Egger, Korte, Schranz und Steinle den Prozeß jedoch auch umgekehrt anstiftet.

Wenn man nun versucht, die Statements der einzelnen Redaktionen zusammenfassend zu beschreiben, entsteht ein (Verlegenheit hervorrufender) Widerspruch zwischen der Vielfalt an Autoren und vermittelten ästhetischen Positionen einerseits und der häufigen Ratlosigkeit bei der Frage nach einem *Konzept* hinsichtlich der österreichischen Literatur andererseits. Abgesehen davon, daß ich einmal sogar darüber belehrt wurde, daß der Herausgeber, der zu wissen vorgebe, worin das Profil seiner Zeitschrift bestehe, zumindest dabei heucheln würde, wurde ich von anderen Stellen auch oft gleich an die Übersetzer verwiesen. Gleichzeitig wird damit natürlich die dritte Frage beantwortet, nämlich ob kontinuierliche Kontakte zu bestimmten Übersetzern bestünden. Diese Beziehungen könnten sogar an erster Stelle genannt werden, wenn man nach Motiven für die Veröffentlichung bestimmter Texte sucht. Ständige Mitarbeiter, die sich auf die österreichische Literatur konzentrieren, haben die Zeitschriften nicht, aber es besteht eine enge Beziehung v. a. zu Autoren und Literaturwissenschaftlern, die sich auf diesem Terrain sehr gut auskennen. Im allgemeinen gilt, daß Verlage wie Zeitschriften sich gleichermaßen eher als ein Organisationszentrum von individuellen Beiträgen verstehen, wobei dies durchaus auch positiv, nämlich als eine prinzipielle Offenheit, gesehen werden kann.

Auf die letzte Frage, wie denn Präsenz und Stellenwert österreichischer Literatur in Ungarn zu bewerten seien, kam meistens keine differenzierte Antwort. Eine Ausnahme bildete hier *Lettre Internationale*, deren Redakteurin diesen Stellenwert als sehr bedeutend einschätzte und ihn teilweise aus den vielen gemeinsamen ästhetischen Eigenheiten mit der ungarischen Literatur – wie Ideologie- und Politikfeindlichkeit, sprachkritische Einstellung und der Distanz erzeugende Sprachwitz – erklärte. Der Weg für die Literatur aus Österreich führe oft über ungarische Autoren wie etwa der Jandls über Eörsi, Fians über Kukorelly, Cejpeks und Gronds über Tandori etc. Von vielen Befragten kam auf diese Frage gar keine Antwort, was auf Unsicherheit bezüglich des Erfragten schließen läßt; wenn man jedoch nach der Notwendigkeit einer Trennung zwischen österreichischer und sonstiger deutschsprachiger Literatur gefragt hat, wurde die Frage öfters verwundert zurückgewiesen, da diese Trennung ja evident sei.

Wichtig scheint vor allem, daß im ungarischen Literaturbetrieb durchaus ein Interesse für österreichische Literatur vorhanden ist, ja sogar mehr noch, daß die Bereitschaft zu deren Verbreitung größer ist, als es die bis jetzt bestehenden Möglichkeiten erlauben.

ATTILA BOMBITZ

Ein österreichisches Bücherregal
Best of 1989–1999

In einem Essay von Italo Calvino finden wir einen nützlichen Vorschlag für die möglichst ideale Zusammenstellung der eigenen Bibliothek. Diese soll, heißt es, jeweils zur Hälfte aus jenen Büchern bestehen, die wir schon zu Ende gelesen haben und die von uns für wichtig befunden wurden; die andere Hälfte bildeten jene, die wir erst später zu lesen wünschen und von uns voraussichtlich ebenfalls für wichtig befunden werden können. Auch bräuchte es noch ein oder zwei leere Regale für Überraschungen und unerwartete Entdeckungen. Ich fing schon früh an, Calvinos idealer Vorstellung zu folgen, und so konnte es geschehen, daß – sowohl zu meinem Erschrecken als auch zu meiner Lust – die sogenannte österreichische Literatur gerade 1989 zu einem eigenen Bücherregal ausgewachsen war. Seitdem nimmt es an Umfang zu. Zwischen 1989 und 1999 vertritt die österreichische Literatur ihre Interessen auf den bunt blühenden und anwachsenden Bücherregalen Ungarns in einem vielleicht am letzten Fin de siècle derart umfassenden, aber seitdem nicht mehr erfahrenen Maß.

Warum die Wiederholung mit 1989 angefangen hat, können Politologen und Soziologen profund beantworten. Es bleibt aber eine Tatsache, daß 1989 in Ungarn eine neue Geschichtsschreibung begonnen wurde. Nach meiner privaten Geschichtsschreibung starb in diesem Jahr Thomas Bernhard. Bernhard (und der Rummel um seinen

»Heldenplatz«) taucht nach seinem Tod in zahlreichen ungarischen Literaturzeitschriften auf, und sein Ruhm hat sich derart verstärkt, daß die virtuelle österreichische Literaturgeschichte der neunziger Jahre in Ungarn von ihm wie von einem Eisenpanzer umschlossen ist. Venit, vidit, vicit. Es scheint, daß alles mit ihm neu begann, daß danach all die anderen einen freien Weg im kulturellen Milieu des ungarischen Landes gefunden haben. Es kamen die Jüngeren und es kamen die Älteren. Faschingsball, Maskenball, Opernball.

Um ein einheitlicheres Bild zu versuchen: Thomas Bernhard spaziert unerschütterlich in seinem bunten Schwarz. Elias Canetti und Peter Handke hält er an der Linken. Paul Celan und Ernst Jandl, als strahlende und ernste Phänomene, befinden sich zu seiner Rechten. Im Zwielicht erscheinen zwei Grazien: Ingeborg Bachmann und Barbara Frischmuth, eine dritte kommt hinzu, Elfriede Jelinek, die aber badet – vermeintlich – im Scheinwerferlicht. Heimito von Doderer trifft mit einiger Verspätung und schwankenden Schrittes ein. Robert Musil wird als häufiger Gast auf dem Weg durch den Kanon begrüßt. Hermann Broch, noch ein altgedienter Begleiter, ist vielleicht der einzige von ihnen, der klar zu erkennen ist – und auch wieder nicht. Und hinter den Masken einer dritten Generation? Michael Donhauser, Antonio Fian, Erich Hackl, Josef Haslinger, Robert Menasse, Christoph Ransmayr und Robert Schneider sind präsent. Es braucht nur wenige Augenblicke, bis in dieser lauten und glänzenden Kavalkade auch der restliche aber ebenso spannende Teil der noch verschleierten Mittanzenden auftaucht, die *generation next*, vielleicht. Dies nur, um ein einheitliches Bild erfunden zu haben. Es ist aber zu einfach, alles in einem Bild sehen zu wollen. Zumindest auf dem Bücherregal können alle – unabhängig von Ideologie, literarischer Richtung und Epochenkontinuität – gut nebeneinander auskommen.

Eine weniger verschämte Darstellung der Kräfteverhältnisse weist ein anderes Bild aus. Einerseits gibt es Bücher, die bei verschiedenen ungarischen Verlagen – zumeist ohne Konzept – erschienen, andererseits finden sich Texte, die Teile eher zufälliger Berichte, Zusammenstellungen oder thematischer Blöcke ungarischer Literaturzeitschriften sind, die aber in ihrer vehementen Präsenz das ungarische Kulturleben grundlegender beeinflussen können als die Institution Verlag.

Insgesamt ist festzustellen, daß keine aktuelle Beziehung (mit Ausnahme der Wochenzeitschrift *Élet és irodalom*) zwischen dem Erscheinen der einzelnen Bücher und ihrem möglichen Echo besteht. Es kommt oft vor, daß wichtige Werke, die schon kanonisiert wurden oder in weltliterarischen Paradigmen schweben, ihr ungarisches Schicksal in billigen Buchläden beenden. In dieser Hinsicht einige Anmerkungen zu österreichischen Schicksalsgeschichten:

In den 90er Jahren versuchten ungarische Zeitschriften (*Nagyvilág*, *Újhold-Évkönyv*, *Nappali Ház*, *Holmi*, *Határ*), mit Übersetzungen und Essays auf die Bedeutung von Ingeborg Bachmann aufmerksam zu machen. Aber außer einem Erzählband, der bereits 1984 erschienen war, gibt es von ihr nach wie vor kein ins Ungarische übersetztes Buch – trotz zahlreicher Bemühungen. Elfriede Jelineks ersten übersetzten Roman »Die Klavierspielerin« lehnte *Élet és irodalom* 1997 in einer vehementen Rezension ab (dennoch kann man bereits einen weiteren Roman von ihr lesen). Es ist auch interessant, daß die Versuche einer Wiederholung deutschsprachiger Erfolge in Ungarn in den meisten und bedeutsamsten Fällen nicht gelingen wollen: die An- oder Aufnahme der neuen Autoren und ihrer ›berühmt gewordenen‹ Werke dauert ungewöhnlich lange Zeit. Viele waren bald nach dem Erscheinen als Mängelexemplare zu kaufen (wie Josef Haslingers »Opernball«), fanden sich schnell zwischen Science-fiction- und Danielle Steele-Romanen in den ungarischen Antiquariaten (wie Christoph Ransmayrs »Die letzte Welt«) oder gelangten in den wohltuenden Schatten der totalen Anonymität (wie Robert Schneiders »Schlafes Bruder«). Der Mißerfolg hängt natürlich nicht nur mit dem Mangel an Werbestrategien zusammen (so vergaß man im Falle von Haslinger und Schneider die Verfilmungen zu präsentieren, und die Rezeption von Christoph Ransmayrs Werken war von Beginn an von Literaturwissenschaftlern bestimmt). Daß der ungarische Leser heute zumindest ein wenig magischen Realismus in den Büchern braucht, zeigt eine Umfrage der Zeitschrift *Jelenkor* über die Kondition von Lesern des Jahres 1998 – wer aus beruflichen Gründen und Liebe zur Literatur Interesse daran hat, kann somit sein österreichisches Bücherregal ganz billig zusammenstellen.

Ich möchte in der Folge nachvollziehbar machen, was der kulturdurstige ungarische Leser in den letzten zehn Jahren aus der gesamtösterreichischen Literatur durch ungarische Verlage oder Zeitschriften sich noch hätte (ein)schenken können. Es muß vorausgeschickt werden, daß nach dem Zerfall der durch den Staat auf sozialistische Weise (›lesendes Volk‹) geförderten Verlagsstruktur in Ungarn eine weiterhin auf Förderungen angewiesene »Marktwirtschaft« entstand.

Der jüngste und wichtigste Verlag, der ausschließlich Belletristik betreut, ist der Verlag Jelenkor (der einzige ungarische Verlag, der in anspruchsvollen Buchläden ein eigenes Regal hat), der jährlich etwa 40 Bücher herausbringt. Die österreichische Literatur wird dabei deutlich bevorzugt: Heimito von Doderers »Strudlhofstiege« (1994), Michael Donhausers »Gesuch an die Wiese« (Ausgewählte Gedichte, 1994), Robert Menasses »Selige Zeiten, brüchige Welt« (übersetzt als »Die Epoche des Romans«, 1995), Thomas Bernhards »In hora mortis« (1997), Christoph Ransmayrs »Morbus Kitahara« (übersetzt als »Die Kitahara-Krankheit«, 1998), Hermann Brochs »Die Schlafwandler« (1998–99).

Der Verlag Ab Ovo, der ebenfalls in den 90er Jahren gegründet wurde, betreut zehn Bücher pro Jahr und gibt an österreichischer Literatur den ›harten Kern‹ heraus: Bernhards fünfbändige Romanreihe: »Ein Kind« (»Ein Kind bricht auf«, 1992), »Die Ursache« (»Um eine Ursache mehr«, 1993), »Der Keller« (»Ein Rückwärts«, 1994), »Der Atem« (»Große Luft«, 1995), »Die Kälte« (»Isolierung«, 1995); von Jelinek »Die Klavierspielerin« (1997) und »Die Liebhaberinnen« (»Kleine Hechte«, 1998).

Der Verlag Magvető war einer der großen sozialistischen Verlage, der in den letzten zehn Jahren mit jeweils etwa zehn niveauvollen Büchern wieder an Rang gewonnen hat. Noch zu Beginn der 90er Jahre waren hier das ›letzte‹ ungarische Handke-Buch (»Die Wiederholung«, 1990) und das ›erste‹ Bernhard-Buch (»Wittgensteins Neffe«, 1992) erschienen. In der zweiten Hälfte des Jahrzehnts etablierte sich der Verlag auch mit Josef Haslingers »Opernball« (1996) und Erich Hackls »Sara und Simon« (1998) als wesentlicher Teil des österreichischen Bücherregals.

Der Verlag Európa ist einer der größten Überlebenden des Wirtschaftswandels am Buchmarkt. Österreichische Bücher gab er aber nur in den Jahren der Wende heraus: Peter Handkes »Der Chinese des Schmerzes« (»Endlich ein Chinese«, 1989), Barbara Frischmuths »Bindungen – Familienferien« (1990), Elias Canettis Autobiographien

(1990 bzw. 1993) und Thomas Bernhards »Der Untergeher« (1992).

Der Verlag Ferenczy, der ein neues und frisches Phänomen auf dem ungarischen Büchermarkt darstellt und aus mehreren kleineren Verlagsabteilungen (wie z. B. Palatinus) besteht, hat von Ernst Jandl ausgewählte Gedichte verlegt (»Die nichterwünschte Person«, 1995) und verleibt seinem Programm auch Bücher von Thomas Bernhard ein (»Beton«, 1995; »Korrektur«, 1996). Palatinus setzte die Bernhard-Show mit der Dramensammlung »Der Theatermacher« (1998) fort – der einzige österreichische Dramenband der letzten zehn Jahre – sowie mit seinem Roman »Alte Meister« (1998).

Es gibt auch noch Verlage, die vielleicht nur zufälligerweise, oder auch ganz dezidiert ausgewählt, mit der Präsentation jeweils eines österreichischen Autors reüssieren: Antonio Fians »Schratt« (Cserépfalvi, 1994), Thomas Bernhards »Der Stimmenimitator« und »Ereignisse« (in einem Band übersetzt als »Die Aufzeichnungen des Überlebenden«, Emberhalász 1994), Christoph Ransmayrs »Die letzte Welt« (Maecenas, 1995), Robert Musils »Mann ohne Eigenschaften« (Kalligram, 1995 – die einzige Neuauflage eines Textes der österreichischen Literatur) und Robert Schneiders »Schlafes Bruder« (Frames, 1996).

Es gab und es gibt noch weitere wichtige Initiativen, die zu einem funktionierenden Kulturaustausch zwischen Österreich und Ungarn beitragen, denen auf diesem Bücherregal ebenfalls adäquate Plätze eingeräumt werden. An der Spitze der Grenzgänger steht der österreichische Verlag Droschl, der zu Beginn der 90er Jahre zwischen österreichischen und ungarischen Autoren einen Dialog eröffnete. In der Reihe »Orte der Literatur« (gemeinsam mit dem Verlag Göncöl bzw. dem József-Attila-Kreis) sind zwei Bände erschienen. In »Freiheitsgespräche entlang einer Straße« (1991) stellten sich die österreichischen Autoren Peter Waterhouse, Evelyn Schlag, Walter Grond, Michael Donhauser und Lucas Cejpek mit Texten unterschiedlicher Gattungen vor. In »Beim Griff in das Spinnennetz« (1993) folgten ihnen Georg Pichler, Ferdinand Schmatz, Anselm Glück, Werner Schwab und Helga Glantschnig. Von den österreichischen Teilnehmern des Projektes haben Michael Donhauser und Werner Schwab einen schmalen, aber sicheren Weg zum ungarischen Publikum gefunden. Von Donhauser erschien der oben erwähnte Gedichtband, Schwabs »Präsidentinnen« wurden nach der Budapester Aufführung auch in Pécs auf die Bühne gebracht. Hätten aber Donhauser und Schwab keine ihnen verwandten Sprachkünstler und Übersetzer wie Ferenc Szijj und Lajos Parti Nagy gefunden, hätten sie durchaus auch, wie die anderen, ohne nennenswertes Echo bleiben können. (Schwabs Dramen »Faust« oder »Präsidentinnen« sind auf Ungarisch nur in *Magyar Lettre Internationale* zu finden: 2/1995 und 3/1996)

Weitere Hinweise zu den angesprochenen Rezeptionsofferten: Fians Roman »Schratt« ist unter dem Serientitel »Heutige österreichische Erzähler« herausgekommen, der eine Fortsetzungserwartung evoziert, diese jedoch nicht befriedigte. Der Verlag Kalligram plante, das Gesamtwerk Musils herauszugeben, aber der »Mann ohne Eigenschaften« steht nach wie vor allein.

Man kann den ungarischen Leser im Goldenen Zeitalter des magischen Realismus nicht zu den alten Repräsentanten – und zu den neuesten experimentellen Autoren nur schwer – überreden. So wurden Broch, Doderer oder Musil als die großen Namen an den Universitäten gelesen, die anderen eher aus Freundschaft oder aufgrund institutionalisierter Partnerschaft.

Am Anfang war Bernhard. Es wäre eine unheilverkündende und schimmelnde Paraphrase, wenn ich sagen würde, daß er selbst die Ursache ist, bloß weil die österreichische Literatur in den 90er Jahren unter seinem Mantel hervorgekrochen kam. Zu seiner einzigartigen Geschichte in den 90er Jahren gehört ein Vorspiel, da Bernhard schon in den 70er Jahren mit den Romanen »Frost« und »Das Kalkwerk« und in den 80er Jahren mit einem Erzählband präsent war. Sein Werk beglückte damals insgesamt gesehen weder die ungarischen Leser, noch die verstaatlichte ästhetische Haltung. »Frost« und »Kalkwerk« sind heute aber in ungarischen Antiquariaten die meistgesuchten Bücher von Bernhard. Sein endgültiger Durchbruch ist der Zeitschrift *Nagyvilág* zu danken. Einige Titel aus Lust an der Nennung Bernhardscher Texte: »Heldenplatz« (8/1989), »Claus Peymann und Hermann Beil auf der Sulzwiese« (11/1989), »Claus Peymann kauft sich eine Hose und geht mit mir essen« (12/1990), »Gedichte« (5/1993), »Ritter, Dene, Voss« (9/1993) und »Am Ortler« (3/1995). Im Zuge dieser Neuerscheinungen nutzten die alteingesessenen Verlage mit ihren alten Konzepten wie Rakéta regénytár bei Magvető und Modern Könyvtár bei Európa noch den Aufschwung einer neuen ästhetischen Richtungssuche (diese Bücherreihen lieferten in billigen und anspruchslosen Ausstattungen einen Teil der Weltliteratur und wurden nach dem Wirtschaftswechsel schnell eingestellt) und gaben auch in schneller Folge – vor allem – Bernhard heraus. Es ist interessant, daß sich der Erfolg mit den leicht zu lesenden biographisch-fiktiven Romanen wie »Wittgensteins Neffe« und »Der Untergeher« einstellte. Dazu kam die fünfbändige Kindheitsserie. Entgegen der österreichischen Erscheinungsfolge wurde jedoch eine chronologisch-lineare, kontinuierliche Abfolge gewählt. Zu dieser Zeit erschienen mindestens drei Werke Bernhards pro Jahr.

Österreichische Dichter und Dramatiker kommen nur selten (oder zufällig) auf unser Bücherregal. Wenn doch, dann war wieder die Zeitschrift *Nagyvilág* eine erste sichere Anlaufstelle, und noch zu Beginn der 90er Jahre konnte man dort einige wichtige Namen wie Peter Rosei oder Julian Schutting entdecken. In der Nummer 12/1993 ist eine Zusammenstellung diverser Gedichte von Wolfgang Bauer, Ilse Brem, C. W. Aigner, Ingram Hartinger, Martin Ohrt, Hans Augustin, Gerhard Bolaender, Hans Raimund und Mike Markart zu lesen, bei den Droschl-Autoren ist (wie auch in Österreich) ihre Position oder Bekanntheit hierzulande nicht vorauszusetzen. Die Repräsentanten der österreichischen Lyrik sind Celan, Donhauser, Jandl und auch Bernhard mit seinem »In hora mortis«. Es ist zumindest verblüffend, daß sich nahezu alle Kulturzeitschriften (*Nagyvilág*, *Átváltozások*, *Enigma* und *Magyar Lettre Internationale*) zwischen 1993 und 1996 durch die in der sogenannten Jugend geschriebenen Gedichte veranlaßt sahen – nach der Kanonisierung des Erzählers und Dramatikers und nur wie nebenbei einige bescheidene Neuigkeiten aufzeigend –, das lyrische Ich Bernhards aufblitzen zu lassen. Dieser Gedichtband des Verlags Jelenkor (1997) scheint nur insofern erwähnenswert, weil die Missetat von einem im Geiste verbundenen ungarischen Dichterfreund namens Endre Kukorelly begangen wurde (obwohl der Gedichtband »In hora mortis« in poetischer Hinsicht weder Kukorelly, noch dem späteren Bernhard nahesteht).

Auf latente Weise hat aber das Bernhard-Diktat auch negative Konsequenzen nach sich gezogen, nämlich Akzentverschiebungen und Autorenauslöschungen. Peter Handke, der wie Bernhard schon früh ein Markenzeichen österreichischer Literatur war, geht im Bücherregal langsam unter. In den 80er Jahren war er noch absolute Spitze, momentan ist er in Ungarn fast ausschließlich durch seine Jugoslawien-Reisen präsent, die Informationen zu dieser stammen jedoch leider nicht mehr aus den authentisch nachvollziehbaren Reiseberichten, sondern rekrutieren sich aus dem Hörensagen. Handkes »Abschied des Träumers vom neunten Land« ist noch auf Ungarisch erschienen (*Magyar Lettre Internationale*, 3/1991), Fortsetzungen wie vor allem »Eine winterliche Reise«, die uns Ungarn eher betrifft, schon nicht mehr. Seit seinem letzten ungarischen Buch, »Die Wiederholung«, hält er sich hinter den schützenden Basteien von Zeitschriften auf. Die Zeitschrift *Pompeji* hat Handke zweimal Raum geboten: Einige Texte aus »Noch einmal für Thukydides« sind im Heft 3/1994 und der »Versuch über die Müdigkeit« im Heft 4/1997 zu lesen.

Ingeborg Bachmann hat ebenfalls ein bemerkenswert schlecht eingerichtetes Leben in Ungarn. Es liegt kein Gedichtband in ungarischer Übersetzung vor, ihre Essays kann man nur zerstreut in Zeitschriften finden (*Határ*, *Műhely*, *Nagyvilág*), und daß der Roman »Malina« bis heute noch nicht erschienen ist, ist eine kaum zu entschuldigende Schmach. Insgesamt finden sich kaum österreichische Autorinnen auf dem Bücherregal wieder. Somit kann auch Barbara Frischmuth keinen dauerhaften Platz finden, und weil zwei Jahre nach der Einführung von Jutta Schutting in der Zeitschrift *Nagyvilág* wegen ihrer Namensänderung die Zeitschrift *2000* (sie) ihn noch einmal, nun aber unter dem Namen Julian Schutting, vorstellen mußte, und weil abgesehen von der Ausnahme Elfriede Jelinek keine andere österreichische Autorin in Ungarn bekannt ist (keine Faschinger, keine Merkel und nicht einmal Mayröcker), stellt sich doch die Frage, warum man diese Leerstelle unbedingt nur mit Jelinek abdecken will.

Aber dann: 1995, Frankfurter Buchmesse, Schwerpunkt

Österreich. Die Zeitschrift *Magyar Lettre Internationale* (3/1995) brachte eine Sondernummer – »Wie sollen wir Österreicher sein« – mit bunten und kurzen Texten von Günther Freitag, Wilhelm Grond, Lucas Cejpek, Helmut Eisendle, Oswald Egger, Julian Schutting, Kurt Neumann, Elfriede Jelinek, Werner Schwab, Ingram Hartinger, Felix Philipp Ingold, Antonio Fian, Peter Handke und Wendelin Schmidt-Dengler. Die Auswirkung der Frankfurter Buchmesse war auch in Ungarn zu spüren. Die Romane von Josef Haslinger, Robert Menasse, Christoph Ransmayr und Robert Schneider erschienen 1995 oder im Jahr darauf.

Trotz all dieser Schübe – Bernhard-Rezeption, Initiativen von Zeitschriften, Buchmesse etc. – gibt es Autoren, die auf dem österreichischen Bücherregal befremdlicherweise nicht vertreten sind. Zwar erleben wir heute, an der aktuellen Jahrhundert- und Jahrtausendwende, die Wiederentdeckung früherer Wendezeiten. Vom Fin de siècle her erleben Rainer Maria Rilke und Franz Kafka eine Renaissance. Aber, so seltsam es auch klingen mag, im Ungarn von heute sind Karl Kraus, Arthur Schnitzler und Hugo von Hofmannsthal beinahe vergessen. Gehe ich in der Zeit weiter, finden sich immer wieder Autoren, die hier in Ungarn nahezu unbekannt geblieben sind. Um nur einige zu nennen: H. C. Artmann, Gerhard Fritsch, Hans Lebert, Albert Drach, Marianne Fritz, Gerhard Roth, Friederike Mayröcker, Josef Winkler, Werner Kofler usw. Es ist ein weites Feld – die Neuordnungen werden gerade getroffen.

Wenn ich mir noch jemanden wünschen darf, wären auf meinem österreichischen Bücherregal, wenigstens in der nächsten Saison, Franz Josef Czernin, Franzobel und Raoul Schrott gern gesehene Gäste. Der Ruf ist gut, aber das ungarische Echo läßt schon wieder auf sich warten.

ANHANG

SERVICETEIL

Das vorliegende Adressenverzeichnis soll einen ersten Überblick über jene Institutionen schaffen, die im Bereich der literarischen, kulturellen und wissenschaftlichen Beziehungen zwischen Österreich und Ungarn von Bedeutung sind. Es erhebt keinerlei Anspruch auf Vollständigkeit. Weiterführende Hinweise und zusätzliche Informationen finden sich in den folgenden Publikationen:

A Magyar Irodalom Évkönyve 1997 (Jahrbuch der ungarischen Literatur). Hrsg.: Attila Buda. Széphalom Könyvműhely, Budapest 1998 (erscheint jährlich)

Az Új Könyvpiac 1998 évi Melléklete, Kiadói és Kereskedelmi Adattár (Neuer Buchmarkt, Beilage 1998). Hrsg.: András Kemény, Györgyi Pécsi. Lafferton és Társa Bt., Budapest 1999 (erscheint jährlich)

A Magyar Közélet Kézikönyve (Handbuch des öffentlichen Lebens in Ungarn). Hrsg.: Katalin Mohr. Magyar Távirati Iroda Rt. Sajtóadatbank, Budapest 1999 (erscheint jährlich)

Germanisztika a Magyar Felsőktatásban, Az egyetemi és főiskolai oktatók névjegyzéke (Germanistik an Hochschulen in Ungarn, Verzeichnis der Hochschullehrerinnen und Hochschullehrer). Hrsg.: András Balogh. Deutscher Akademischer Austauschdienst (DAAD), Bonn 1998

Ungarisches Verlagswesen 1998. Hrsg.: Dóra Károlyi. Frankfurt '99 Kht., Budapest 1998 (erscheint jährlich)

Literarisches Leben in Österreich, Handbuch '97. Hrsg.: Gerhard Ruiss. Autorensolidarität, Verlag der IG Autorinnen und Autoren, Wien 1997 (erscheint jährlich)

Infonetz Literatur. Hrsg.: Nadja Grössing, Brigitte Rapp. Übersetzergemeinschaft, Wien 1996

The Translators' Companion. Hrsg.: Nadja Grössing, Brigitte Rapp. Übersetzergemeinschaft, Wien 1999

KulturKontakt Austria '98. Kultur- und Bildungszusammenarbeit mit Zentral- und Osteuropa, KulturKontakt Austria, Wien 1998

Kulturpolitik, Kulturverwaltung in Österreich. Hrsg.: Bundeskanzleramt, Kunstsektion, Wien 1998

UNGARN

STAATLICHE EINRICHTUNGEN

Ungarisches Kultusministerium (Nemzeti Kulturális Örökség Minisztériuma)
1055 Budapest, Szalay u. 10/14.
Tel.: (36-1) 3 02 06 00,
Fax: 3 02 30 02
http://www.nkom.hu
Hauptabteilungsleiter für Kunst:
Dr. Tibor Wehner
Hauptabteilungsleiter für europäische Angelegenheiten und internationale Beziehungen:
Zsolt Jékely
Referent für Literatur:
György Gáspár
Referentin für Verlagswesen:
Dr. Éva Bán Péliné

Unterrichtsministerium (Oktatási Minisztérium)
1055 Budapest, Szalay u. 10/14.
Tel.: (36-1) 3 02 06 00,
Fax: 3 02 30 02
http://www.om.hu
Hauptabteilungsleiter für europäische Angelegenheiten und bilaterale Beziehungen: Vilmos István Kovács
Stellvertretender Hauptabteilungsleiter: Dr. Géza Rajnavölgyi
Referent für Österreich:
Dr. István Tamás

Nationaler Kulturfonds (Nemzeti Kulturális Alapprogram)
1062 Budapest, Bajza u. 32.
Tel.: (36-1) 351-5461,
Fax: 3 42 87 63
e-mail: nkai@mail.matav.hu
Präsident: Marcell Jankovics
Kontaktperson: Attila Tasnádi

Institut für Literaturwissenschaft der Akademie der Wissenschaften (MTA Irodalomtudományi Intézet)
1118 Budapest,
Ménesi út 11-13.
Tel.: (36-1) 4 66 59 38, 3 85 89 70,
Fax: 3 85 38 76
Direktor: Dr. László Szörényi
Internationale Beziehungen:
Dr. Judit Karafiáth

Literatur- und Kunstakademie Széchenyi der Akademie der Wissenschaften (MTA Széchenyi Irodalmi és Művészeti Akadémia)
1051 Budapest, Roosevelt tér 9.
Tel./Fax: (36-1) 3 31 41 17
Präsident: Jancsó Miklós
Kontaktperson: Anikó Kovács

Petőfi Literaturmuseum und Zentrum für Zeitgenössische Literatur (Petőfi Irodalmi Múzeum és Kortárs Irodalmi Központ)
1053 Budapest,
Károlyi Mihály u. 16.
Direktor: Dr. Mihály Praznovszky

Petőfi Literaturmuseum (Petőfi Irodalmi Múzeum)
Tel.: (36-1) 3 17 36 11,
Fax: 3 17 17 22
Vizedirektorin: Csilla Csorba
Kontaktperson: Anna Cséve

Zentrum für Zeitgenössische Literatur (Kortárs Irodalmi Központ)
Tel: (36-1) 2 66 25 00, 266 2511,
Fax: 2 66 24 85
e-mail: barthaju@mail.iif.hu
Vizedirektor: György Magos
Internationale Beziehungen:
Dr. Julianna Bartha

STIFTUNGEN, VERBÄNDE, VEREINE, INSTITUTIONEN, LITERARISCHE ORGANISATIONEN

Aktion Österreich–Ungarn (Osztrák-Magyar Akció Alapítvány)
1146 Budapest, Ajtósi Dürer sor 19-21., V. 506
Tel.: (36-1) 3 51 98 40,
Fax: 3 51 98 39
e-mail: aoeu@omaa.huninet.hu
http://www.prof.iif.hu/omaa
Geschäftsführerin: Ágnes Schnaider
Kontaktperson: Judit Varga

Internationale Gesellschaft für ungarische Sprache und Kultur (A Magyar Nyelv és Kultúra Nemzetközi Társasága)
1072 Budapest,
Rákóczi út 38. I. em. 2.
Tel./Fax: (36-1) 3 43 47 38
Vorsitzender: Dr. Béla Pomogáts
Kontaktperson: Attila Komlós

Collegium Budapest
1014 Budapest, Szentháromság utca 2.
Tel.: (36-1) 4 57 76 00,
Fax: 4 57 76 10
e-mail: colbud@colbud.hu
Leiter: Dr. Gábor Klaniczay
Kontaktperson: Edit Farkas

Europahaus (Európa Ház)
1016 Budapest, Dezső u. 3.
Tel.: (36-1) 3 56 84 40, 3 75 08 57,
Fax: 3 56 84 99
e-mail: civil@mail.elender.hu
http://www.europeanhouse.hu
Kontaktperson: Miklós Barabás

Europainstitut Budapest (Budapest Európa Intézet Alapítvány)
1146 Budapest, Ajtósi Dürer sor 19-21.
Tel.: (36-1) 343 4378, 343 8149,
Fax: 343 8167
Kontaktperson: Gudrun Horváth

József-Attila-Kreis (JAK-József Attila Kör)
1062 Budapest, Bajza u. 18.
Tel./Fax: (36-1) 352 7103
Vorsitzender: Zoltán Ágoston
Kontaktperson: Magdolna Kriszt

Stiftung Ungarisches Übersetzerhaus (Magyar Fordítóház Alapítvány)
1094 Budapest, Tűzoltó u. 5.
Tel./Fax: (36-1) 215 4075
e-mail:
mfordhaz@mail.matav.hu
Vorsitzender des Kuratoriums: Péter Rácz

Ungarischer Schriftsteller-verband (Magyar Írószövetség)
1062 Budapest, Bajza u. 18.
Tel.: (36-1) 322 88 40, 322 88 49,
Fax: 321 34 19
Präsident: Dr. Béla Pomogáts
Internationale Beziehungen: Luca Haraszti

Verein ungarischer Schriftsteller (Magyar Írók Egyesülete)
1054 Budapest, Báthori u. 10.
Tel./Fax: (36-1) 311 32 86
Präsident: Tibor Gyurkovics
Kontaktperson: Dr. Józsefné Vígh

Stiftung Ungarisches Buch (Magyar Könyv Alapítvány)
1146 Budapest,
Hermina u. 57-59.
Tel.: (36-1) 364 40 75,
Fax: 252 41 06
e-mail: mkam@mail.matav.hu
Präsident: Dr. László Tőkoéczki
Kontaktperson: Bakacsiné Zsuzsa Ruza

Übersetzungsfonds (Fordítástámogatási Alap)
Tel./Fax: (36-1) 251 76 76
e-mail:
dora.karolyi@mail.matav.hu
Kontaktperson: Dóra Károlyi

Verband ungarischer Buchverleger und Buchhändler (MKKE – Magyar Könyvkiadók és Könyvterjesztők Egyesülése)
1073 Budapest, Kertész u. 41.
Tel.: (36-1) 343 25 40,
Fax: 343 25 40
e-mail: mkke@mail.datanet.hu
Direktor: Péter László Zentai
Kontaktperson: Rózsa Paál

Ungarischer P.E.N. Club (Magyar P.E.N. Club)
1053 Budapest,
Károlyi Mihály u. 16.
Tel.: (36-1) 318 41 43,
Fax: 317 17 22
Präsident: Miklós Hubay
Vizepräsidentin: Éva Tóth

Weltverband der Ungarn (Magyarok Világszövetsége)
1068 Budapest, Benczúr u. 15.
Tel.: (36-1) 351 79 51,
Fax: 322 66 63

Haus der Ungarn
(Magyarok Háza)
1052 Budapest,
Semmelweis u. 1-3.
Tel.: (36-1) 2 67 45 15,
Fax: 2 67 45 09
Präsident: Sándor Csoóri
Kontaktpersonen: Gyula Kurucz, László Dobos, László Papp

Soros-Stiftung
(Soros Alapítvány)
1023 Budapest, Bolyai u. 14.
Tel.: (36-1) 3 15 03 03,
Fax: 3 15 02 01
e-mail: office@soros.hu
http://www.soros.hu
Direktorin: Éva Bakonyi

Gesellschaft der Literaten
(Szépírók Társasága)
1053 Budapest,
Károlyi Mihály u. 16.
Tel./Fax: (36-1) 2 66 66 40
Vorsitzender: Ákos Szilágyi
Kontaktperson: Ágnes Decol

BUCHMESSEN

Internationales Buchfestival Budapest
(Budapesti Nemzetközi Könyvfesztivál)
1073 Budapest, Kertész u. 41.
Tel.: (36-1) 3 43 25 40,
Fax: 3 43 25 40
Direktor: Péter László Zentai
Kontaktperson: Yvette Nánási

Festwoche des Buches
(Ünnepi Könyvhét)
1073 Budapest, Kertész u. 41.
Tel.: (36-1) 3 43 25 40,
Fax: 3 43 25 40
Direktor: Péter László Zentai
Kontaktperson: Rózsa Paál

FÖRDERUNGEN FÜR LITERARISCHES ÜBERSETZEN

Füst-Milán-Stiftung für Übersetzung
(Füst Milán Fordítói Alapítvány)
1022 Budapest,
Hankóczy J. u. 17. (Postadresse)
Kontaktperson: Dr. György Boytha

Stiftung Ungarisches Buch
(Magyar Könyv Alapítvány)
Übersetzungsfonds (Fordítástámogatási Alap)
(siehe oben)

Stiftung Ungarisches Übersetzerhaus
(Magyar Fortítóház Alapítvány)
(siehe oben)

Móricz-Zsigmond-Stipendium
(Móricz Zsigmond-Ösztöndíj)
Ungarisches Kultusministerium (Nemzeti Kulturális Örökség Minisztériuma)
(siehe oben)
Kontaktperson: György Gáspár

Würdigungspreis für das Buch des Jahres (Az év Könyve Jutalom)
Ungarischer Schriftstellerverband (Magyar Írószövetség)
(siehe oben)
Kontaktperson: Luca Haraszti

Déry-Tibor-Preis (Déry Tibor-Díj)
Holmi
1137 Budapest, Jászai Mari tér 4/a (Postadresse)
Kontaktperson: Pál Réz

Literatura-Preis (Literatura-Díj)
Dachverband Ungarischer Bildender Künstler – Abteilung Literatur (Magyar Alkotóművészek Országos Egyesülete – Irodalmi Tagozat)
1054 Budapest, Báthori u. 10.
Tel.: (36-1) 3 11 04 89,
Fax: 3 31 29 82
Kontaktperson: Katalin Fekete

LITERATURAGENTUREN UND VERWERTUNGSGESELLSCHAFTEN

Artisjus Gesellschaft – Ungarisches Büro für Wahrung der Urheberrechte (Artijus Szerői Jogvédő Iroda Egyesület)
1016 Budapest,
Mészáros u. 15-17.
Tel.: (36-1) 4 88 27 06,
Fax: 4 88 27 08
Kontaktpersonen: Dr. Péter Gyertyánfy, Anita Kenedi

Literaturagentur Balla & Co. (Balla és TSA, Irodalmi Ügynökség)
1085 Budapest,
Üllői út 14. II. em. 8.
Tel.: (36-1) 2 66 18 67,
Fax: 3 17 02 48
e-mail:
katalin.balla@mail.datanet.hu
Kontaktperson: Katalin Balla

Literaturagentur Kátai & Bolza (Kátai & Bolza Irodalmi Ügynökség)
1085 Budapest, Üllői út 14.
Tel.: (36-1) 3 13 04 67,
Fax: 3 17 02 48
e-mail: katalin@kblit.datanet.hu
Kontaktpersonen: Katalin Kátai, Péter Bolza

UNIVERSITÄTEN

Eötvös-Loránd-Universität (ELTE – Eötvös Loránd Tudományegyetem)
Geisteswissenschaftliche Fakultät (Bölcsészettudományi Kar)
1052 Budapest, Piarista köz 1.
Tel.: (36-1) 2 67 09 66, 2 66 91 00

Institut für Ungarische Literaturgeschichte (Magyar Irodalomtörténeti Intézet)
Tel.: (36-1) 2 66 38 45,

Fax: 2 66 91 00-52 56
Institutsleiter: Dr. Zoltán Kenyeres

Lehrstuhl für Vergleichende Literaturwissenschaften (Összehasonlító Irodalomtörténeti Tanszék)
Tel.: (36-1) 2 66 38 45,
Fax: 2 66 91 00-52 56
Leiter: Dr. Mihály Szegedy-Maszák

Germanistisches Institut (Germanisztikai Intézet)
1146 Budapest, Ajtósi Dürer sor 19-21.
Tel.: (36-1) 2 51 01 55,
Fax: 3 43 23 11
Direktor: Dr. Károly Manherz

Lehrstuhl für Deutschsprachige Literaturen (Német Nyelvű Irodalmak Tanszéke)
Tel./Fax: (36-1) 3 43 50 62
Leiterin: Dr. Magdolna Orosz

József-Attila-Universität (JATE – József Attila Tudományegyetem)
Geisteswissenschaftliche Fakultät (Bölcsészettudományi Kar)
6722 Szeged, Egyetem u. 2.
Tel.: (36-62) 45 40 00

Lehrstuhl für Moderne Ungarische Literatur (Modern Magyar Irodalmi Tanszék)
Tel./Fax: (36-62) 45 43 65
Leiter: Dr. Lajos Sándor Szigeti

Lehrstuhl für Deutsche Literaturwissenschaft (Német Irodalomtudományi Tanszék)
Tel./Fax: (36-62) 45 42 45
Leiter: Dr. Árpád Bernáth

Lehrstuhl für Österreichische Literatur und Kultur
(Osztrák Irodalom és Kultúra Tanszék)
6722 Szeged, Egyetem u. 2. II. emelet
Tel.: (36-62) 45 40 00-30 42
http://www.arts.u-szeged.hu/osztrak.html
Leiter: Dr. Károly Csúri
Kontaktpersonen:
Attila Bombitz, Márta Horváth

Janus-Pannonius-Universität (JPTE – Janus Pannonius Tudományegyetem)
Geisteswissenschaftliche Fakultät (Bölcsészettudományi Kar)
7624 Pécs, Ifjúság útja 6.
Tel.: (36-72) 32 76 22,
Fax: 31 40 08

Lehrstuhl für Moderne Literaturgeschichte und Literaturwissenschaft (Modern Irodalomtörténeti és Irodalomelméleti Tanszék)
Tel./Fax: (36-72) 50 15 21
Leiter: Dr. Ernő Kulcsár-Szabó

Lehrstuhl für Deutschsprachige Literatur (Német Nyelvű Irodalmak Tanszéke)
Tel./Fax: (36-72) 31 40 08
Leiter: Dr. Zoltán Szendi

Universität Miskolc (Miskolci Egyetem)
Geisteswissenschaftliche Fakultät (Bölcsészettudományi Kar)
3515 Miskolc Egyetemváros
Tel.: (36-46) 56 50 00

Lehrstuhl für Moderne Ungarische Literaturgeschichte (Modern Magyar Irodalomtörténeti Tanszék)
Tel./Fax: (36-46) 56 52 24
Leiter: Dr. Lóránt Kabdebó

Lehrstuhl für Deutsche Literatur (Német Irodalom Tanszék)
Tel.: (36-46) 56 52 26,
Fax: 36 38 65
Leiter: Dr. István Kontor

Kossuth-Lajos-Universität (KLTE – Kossuth Lajos Tudományegyetem)
Geisteswissenschaftliche Fakultät (Bölcsészettudományi Kar)
4032 Debrecen, Egyetem tér 1.
Tel.: (36-52) 51 29 00,
Fax: 41 23 36

Lehrstuhl für Moderne Ungarische Literatur (Modern Magyar Irodalmi Tanszék)
Tel./Fax: (36-52) 51 29 00/22 00
Leiter: Dr. András Görömbei

Lehrstuhl für Deutsche Literatur (Német Irodalmi Tanszék)
Tel./Fax: (36-52) 51 29 00/23 47
Leiter: Dr. Tamás Lichtmann

Sommeruniversität Debrecen (Debreceni Nyári Egyetem)
4032 Debrecen, Egyetem tér 1.
Tel./Fax: (36-52) 48 91 12
e-mail: nyariegy@tigris.klte.hu
Institutsleiter: Dr. Pál Lieli

Universität Veszprém (Veszprémi Egyetem)
Geisteswissenschaftliche Fakultät (Bölcsészettudományi Kar)
8201 Veszprém, Füredi u. 2.
Tel./Fax: (36-88) 42 20 22

Lehrstuhl für Deutsche Sprache und Literatur (Német Nyelv és Irodalom Tanszék)
Tel./Fax: (36-88) 42 52 30
Leiter: Dr. Csaba Földes

Central European University Budapest
1051 Budapest, Nádor u. 9
Tel.: (36-1) 3 27 30 00,
Fax: 3 27 30 01
e-mail: main@ceu.hu
Rektor: Josef Jarab
Kontaktperson:
Zsuzsa Jászberényi

ÖSTERREICH-BIBLIOTHEKEN IN UNGARN

Österreich-Bibliothek Szeged
6721 Szeged, Dugonics tér 13.
Tel./Fax: (36-62) 42 07 18
Kontaktperson:
Dr. Erzsébet Nagymiklósi

Österreich-Bibliothek Pécs
7601 Pécs, Ifjúság u. 6.
Tel.: (36-72) 32 76 22/43 59,
Fax: 50 15 27
Kontaktperson:
Pintérné Noémi Csorba

Österreich-Bibliothek Debrecen
4032 Debrecen, Egyetem tér 1.
Tel.: (36-52) 31 66 66/24 19, Fax:
4 10 443
Kontaktperson:
Dr. Lívia Gárdonyi

Österreich-Bibliothek Szombathely
9700 Szombathely,
Berzsenyi tér 2.
Tel.: (36-94) 32 62 22,
Fax: 32 95 27
Kontaktperson: Csilla Mihály

UNGARISCHE KULTURINSTITUTE IN ÖSTERREICH UND IN DEUTSCHLAND

Collegium Hungaricum
Hollandstraße 4, 1020 Wien
Tel.: (43-1) 2 14 05 81,
Fax: 2 16 27 96
http://www.collegium-hungaricum.at
Direktor: Dr. Károly Csúri
Kontaktperson: Péter Siklós

Haus Ungarn
Karl Liebknecht Str. 9,
10178 Berlin
Tel.: (49-30) 2 42 37 38,
Fax: 2 42 34 47
e-mail:
haus.ungarn@berlin.snafu.de
Direktor: György Dalos
Kontaktperson: Dr. György Fehéri

Kulturinstitut der Republik Ungarn
Hausmannstraße 22,
70188 Stuttgart
Tel.: (49-711) 16 48 70,
Fax: 1 64 87 10
e-mail: uki.s@t-online.de
Direktorin: Vera Szolnoki

VERLAGE

Ab Ovo Verlag (Ab Ovo Kiadó)
1133 Budapest,
Pannónia u. 64/a
Tel./Fax: (36-1) 3 29 03 06
e-mail: abovo@euroweb.hu
Verlagsleiterin: Judit Pataki

Akademie Verlag AG (Akadémiai Kiadó Rt.)
1117 Budapest,
Prielle Kornélia u. 4.
Tel.: (36-1) 4 64 82 82,
Fax: 4 64 82 51
e-mail: akrt1@infoservice.hu
Verlagsleiter: Dr. Péter János Sós

Argumentum Verlag (Argumentum Kiadó)
1085 Budapest, Mária u. 46.
Tel./Fax: (36-1) 31 80 04
e-mail:
langandr@mail.elender.hu
Verlagsleiter: József Láng

Atlantisz Stiftung und Verlag (Atlantisz Alapítvány és Könyvkiadó)
1052 Budapest, Gerlóczy u. 4.
Tel./Fax: (36-1) 2 66 38 70
Verlagsleiter: Dr. Tamás Miklós

Balassi Verlag (Balassi Kiadó)
1078 Budapest,
Murányi u. 61. mf. 1.
Tel.: (36-1)3 51 85 65,
Fax: 3 51 83 43
e-mail: balassi@mail.datanet.hu
Verlagsleiter: Péter Kőszeghy

Biograf Verlag (Biográf Kiadó)
1143 Budapest, Szobránc köz 6.
Tel.: (36-1) 2 52 47 66,
Fax: 3 84 27 36
e-mail: pogany@texoft.hu
Verlagsleiterin: Klára Majtényi

Corvina Verlag (Corvina Kiadó)
1051 Budapest,
Vörösmarty tér 1.
Tel.: (36-1) 3 18 41 48,
Fax: 3 18 44 10
Verlagsleiter: István Bart

Enzyklopädie Verlag (Enciklopédia Kiadó)
1114 Budapest, Fadrusz u. 12.
Tel.: (36-1) 4 66 95 53,
Fax: 3 85 21 20
e-mail: encipubl@c3.hu
Verlagsleiterin: Éva F. Almási

Europa Verlag (Európa Könyvkiadó)
1055 Budapest,
Kossuth tér 13-15.
Tel.: (36-1) 3 31 27 00,
Fax: 3 31 41 62
e-mail: europa_k@freemail.c3.hu
Verlagsleiter: Levente Osztovits

Grimm Verlag GmbH (Grimm Könyvkiadó Kft.)
6725 Szeged, Honvéd u. 5/B
Tel.: (36-62) 42 48 76,
Fax: 42 48 67
e-mail: grimm@deltav.hu
Verlagsleiter: László Borbás

Helikon Verlag
(Helikon Kiadó)
1052 Budapest,
Papnövelde u. 8.
Tel./Fax: (36-1) 3174865,
3174765
Verlagsleiter: János Szilágyi

Morgen Verlag
(Holnap Kiadó)
1111 Budapest, Zenta u. 5.
Tel./Fax: (36-1) 4666928
Verlagsleiterin: Dr. Eszter Milkovich

Jelenkor Verlag GmbH
(Jelenkor Kiadó Kft.)
7621 Pécs,
Munkácsy M. u. 30/a
Tel.: (36-72) 314782,
Fax: (36-72) 336803
e-mail:
jelenkor@mail.datanet.hu
Verlagsleiter: Dr. Gábor Csordás

Magvető Verlag
(Magvető Kiadó)
1055 Budapest, Balassi B. u. 7.
Tel./Fax: (36-1) 3022798
e-mail:
magveto@mail.datanet.hu
Verlagsleiter: Géza Morcsányi

Palatinus Bücher Verlags GmbH
(Palatinus Könyvek Kiadó Kft.)
1118 Budapest, Rahó u. 16.
Tel./Fax: (36-1) 3193020
Fax: 3195307
Verlagsleiter: János Háy

Verlag Neues Mandat
(Új Mandátum Kiadó)
1136 Budapest, Kresz Géza u. 26.
Tel./Fax: (36-1) 3394664,
3596338
e-mail: mandatum@elender.hu
Verlagsleiter: István Németh

ZEITSCHRIFTEN

2000
1011 Budapest, Bem rakpart 6.
Tel./Fax: (36-1) 2010880
Chefredakteur: István Margócsy

Alföld
4001 Debrecen, Piac u. 26/a
Tel.: (36-52) 412626
http://www.vkdebrecen.c3.hu/alfold
Chefredakteur: Géza Aczél

Beszélő
1054 Budapest,
Akadémia u. 1-3 fszt. 48-50.
Tel./Fax:: (36-1) 3022912
e-mail: beszelo@c3.hu
Chefredakteurin: Ilona Kiss

Café Bábel
1051 Budapest,
Wesselényi u. 55.
Tel.: (36-1) 3434510
Chefredakteur: Róbert Braun

Élet és Irodalom
1085 Budapest, Rezső tér 15.
Tel.: (36-1) 3039211, Fax:
3039241
e-mail: irodalom@westel900.net
Chefredakteur: Zoltán Kovács

Ex Symposion
8200 Veszprém, Ányos u. 1-3.
Tel.: (36-88) 32 87 76
Chefredakteur: Ottó Tolnai

Helikon
1118 Budapest,
Ménesi út 11-13.
Tel.: (36-1) 466 48 19
Chefredakteur: Béla Köpeczi

Holmi
1137 Budapest,
Jászai Mari tér 14/a
Chefredakteur: Pál Réz

The Hungarian Quarterly
1016 Budapest, Naphegy tér 8.
Tel.: (36-1) 375 67 22-14 11,
-14 17, -14 35,
Fax: 3 18 82 97
Chefredakteur: Miklós Vajda

Jelenkor
7621 Pécs, Széchenyi tér 17.
Tel./Fax: (36-72) 31 06 73
e-mail: csuhai@mail.matav.hu
Chefredakteur: István Csuhai

Kortárs
1062 Budapest, Bajza u. 18.
Tel.: (36-1) 342 15 20,
Fax: 1 21 34 19
e-mail: kortars@elender.hu
Chefredakteur: Imre Kis Pintér

Literatura
1118 Budapest,
Ménesi út 11-13.
Tel.: (36-1) 466 72 71,
Fax: 385 38 76
Chefredakteur: Béla Pomogáts

Magyar Lettre Internationale
1123 Budapest,
Nagyenyed u. 11/a
Tel./Fax: (36-1) 319 43 65
e-mail: lettre@c3.hu
Verantwortliche Redakteurin:
Éva Karádi

Magyar Napló
1062 Budapest, Bajza u. 18.
Tel./Fax: (36-1)342 87 68
e-mail: magynap@elender.hu
Chefredakteur: János Oláh

Nagyvilág
1054 Budapest, Széchenyi u. 1.
Tel./Fax: (36-1)359 42 93
http://www.c3.hu/scripta
Chefredakteurin: Anikó Fázsy

Nappali Ház
1094 Budapest, Pf. 701/330
Tel./Fax: (36-1) 213 92 04
e-mail: nappalihaz@c3.hu
Chefredakteur: Csaba Károlyi

tiszatáj
6741 Szeged, Rákóczi tér 1.
Tel./Fax: (36-62) 42 56 70
Chefredakteur: Sándor Olasz

Törökfürdő
1125 Budapest,
Galgóczy köz 6/c
Tel./Fax: (36-1) 328 93 21
Chefredakteur: Ottó Bencze

ÖSTERREICH

EINRICHTUNGEN DES BUNDES

Bundeskanzleramt (BKA)
http://www.austria.gv.at

Sektion II – Kunstangelegenheiten
Schottengasse 1, 1010 Wien
Tel.: (43-1) 5 31 20-75 00,
Fax: 5 31 20-75 05

Abteilung II/5 – Literatur und Verlagswesen
Tel.: (43-1) 5 31 20-75 50,
Fax: 5 31 20-76 20
Abteilungsleiter: MR Dr. Wolfgang Unger

Abteilung II/6 – Kinder- und Jugendliteratur
Tel.: (43-1) 5 31 20-75 60,
Fax: 5 31 20-76 20
Abteilungsleiter: MR Dr. Peter Schneck

Abteilung II/9 – Kunstlogistik, EU-Koordinationsstelle der Kunstsektion
Tel.: (43-1) 5 31 15-27 96,
Fax: 5 31 20-75 28
Abteilungsleiterin: Mag. Katrin Kneissl

Cultural Contact Point Austria (EU-Kulturförderprogramme: Kaleidoskop, Ariane)
Tel.: (43-1) 5 31 20-75 31,
Fax: 5 31 20-75 28
e-mail:
sigrid.hiebler@bmwf.gv.at
Kontaktperson: Mag. Sigrid Hiebler

Abteilung II/10 – Bilaterale und multilaterale Auslandsangelegenheiten
Tel.: (43-1) 5 31 15-27 96,
Fax: 5 31 20-75 95
Abteilungsleiter: MR Mag. Norbert Riedl

Bundesministerium für Auswärtige Angelegenheiten (BMAA)
Ballhausplatz 2, 1014 Wien
Tel.: (43-1) 5 31 15-0,
Fax: 5 35 50 91
http://gov.austria-info.at/bmaa/

Sektion V – Kulturpolitische Sektion, Auslandskultur
Minoritenplatz 9, 1014 Wien
Tel.: (43-1) 5 31 15-38 03,
Fax: 5 36 66-38 03
Kontaktperson für Literatur:
Mag. Maria Moskart

Bundesministerium für Unterricht und kulturelle Angelegenheiten (BMUK)
Minoritenplatz 5, 1014 Wien
Tel.: (43-1) 5 31 20-5002,
Fax: 5 33 77 97
http://www.bmuvie.gv.at

Sektion IV – Kultur- und Kunstangelegenheiten
Tel.: (43-1) 5 31 20-3600,
Fax: 5 31 20-3609

Bundesministerium für Wissenschaft und Verkehr (BMWV)
Minoritenplatz 5, 1014 Wien
Tel.: (43-1) 5 31 20-0,
Fax: 5 31 20-58 60
http://www.bmwf.gv.at

Abt. III/B/8 – Förderung der wissenschaftlichen Zusammenarbeit mit Zentral- und Osteuropäischen Ländern
Tel.: (43-1) 5 31 20-71 50,
Fax: 5 31 20-62 05
e-mail:
anneliese.stoklaska@bmwf.gv.at
Kontaktperson: Dr. Anneliese Stoklaska

Fonds zur Förderung der wissenschaftlichen Forschung
Weyringergasse 35, 1040 Wien
Tel.: (43-1) 5 05 67 40,
Fax: 5 05 67 39
http://www.fwf.ac.at
Generalsekretärin: Dr. Eva Glück
Kontaktperson:
Dr. Ursula Avedis

STIFTUNGEN, VERBÄNDE, VEREINE, INSTITUTIONEN, LITERARISCHE ORGANISATIONEN

Alte Schmiede
Literarisches Quartier
Schönlaterngasse 9, 1010 Wien
Tel.: (43-1) 5 12 83 29, 5 12 44 46,
Fax: 5 13 19 62-9
http://www.alte-schmiede.at
Leiter: Dr. Kurt Neumann

Péter Bornemissza-Gesellschaft
Zweigverein des Ungarischen Schriftstellerverbandes Budapest
Capistrangasse 2/15, 1060 Wien
Tel.: (43-1) 5 87 77 12,
Fax: 5 87 77 12-4
Sekretär: István Szépfalusi

Büro für Austauschprogramme
(Aktion Österreich – Ungarn/Tschechien/Slowakei)
Alserstraße 4/1/15/6,
1090 Wien
Tel.: (43-1) 42 77-2 81 85,
Fax: 4 27 72 81 94
e-mail: bap@oead.ac.at
http://www.oead.ac.at
Leiter: Florian Gerhardus

Europahaus Burgenland
Institut für politische Bildung, Informationsstelle für Europa- und Entwicklungsfragen
Domplatz 21, 7000 Eisenstadt
Tel.: (43-2682) 7 56 50;
Fax: 7 56 51

e-mail: europahaus@magnet.at
Geschäftsführer: Johann Göttel

Forum Stadtpark
Stadtpark 1, 8010 Graz
Tel.: (43-316) 82 77 34,
Fax: 82 53 69-6
e-mail:
forum@forum.kfunigraz.ac.at
http://forum.kfunigraz.ac.at/-forum
Literarische Veranstaltungen:
Alfred Goubran

Institut für den Donauraum und Mitteleuropa (IDM)
Berggasse 21/14a, 1090 Wien
Tel.: (43-1) 3 19 72 58,
Fax: 31 97 25 84
http://www.idm.at
e-mail: idm@idm.at
Kontaktperson: Mag. Andreas Wenninger
Vorsitzender: Dr. Erhard Busek

Institut für Wissenschaft und Kunst (IWK)
Berggasse 17, 1090 Wien
Tel./Fax: (43-1) 3 17 43 42
http://www.univie.ac.at/iwk
Generalsekretärin: Helga Kaschl

Institut für die Wissenschaften vom Menschen
Spittelauer Lände 3, 1090 Wien
Tel.: (43-1) 3 13 58-0,
Fax: 3 13 58 30
e-mail: iwm@iwm.univie.ac.at
http://www.univie.ac.at/iwm
Direktor: Prof. Dr. Krysztof Michalski

Institut zur Erforschung und Förderung österreichischer und internationaler Literaturprozesse
Hauffgasse 2/1/19, 1110 Wien
Tel.: (43-1) 748 16 33-11,
Fax: 748 16 33-15
e-mail: arlt@adis.at
http://www.adis.at/arlt/institut
Wissenschaftlicher Direktor:
Dr. Herbert Arlt

Internationales Forschungszentrum Kulturwissenschaften (IFK)
Danhausergasse 1, 1040 Wien
Tel.: (43-1) 5 04 11 26;
Fax: 5 04 00 32
e-mail: ifk@mails.ifk.univie.ac.at
http://www.ifk.or.at./ifk/
Direktor: Dr. Gotthart Wunberg

KulturKontakt Austria
Spittelbergg. 3, 1070 Wien
Tel.: (43-1) 5 23 87 65,
Fax: 5 23 87 65-20
e-mail: kk@kulturkontakt.or.at
http://www.kulturkontakt.or.at/kk/
Kunst & Kultur, Sponsoring:
Annemarie Türk
Bildung: Mag. Gerhard Kowar
Film, Foto, Literatur, Theater,
Tanz: Susanne Rendl

KulturKontakt – Außenstelle Budapest (Bereich Bildung)
Lehrstuhl für Pädagogik
(Pedagógiai Tanszék)
1146 Budapest, Ajtósi Dürer
sor 19-21.
Tel./Fax: (36-1) 2 51 09 55

e-mail: margot.wieser@elte.hu
Koordinatorin: Mag. Margot Wieser

Kunsthaus Mürzzuschlag GmbH
Wienerstraße 35,
8680 Mürzzuschlag
Tel.: (43-3852) 5 62 00,
Fax: 5 62 09
Geschäftsführer: Robert Lotter
Kontaktperson:
Werner Schwaiger

Literaturhaus am Inn
Josef Hirnstraße 5/10., 6020 Innsbruck
Tel.: (43-512) 5 07-45 03,
Fax: 5 07-29 60
e-mail: Literaturhaus@uibk.ac.at
http://info.uibk.ac.at/c/c1/c111/lithaus.html
Leiterinnen: Ursula Schneider, Erika Wimmer

Literaturhaus Mattersburg
Wulkalände 2, 7210 Mattersburg
Tel.: (43-2626) 6 77 10,
Fax: 6 77 10-5
e-mail: literatur@matt.co.at
Leiterin: Barbara Tobler

Literaturhaus Salzburg
Eizenbergerhof, Strubergasse 23, 5020 Salzburg
Tel.: (43-662) 42 24 10,
Fax: 42 24 11-13
e-mail: lithaus@alpin.or.at
Leiter: Thomas Friedmann

Literaturhaus Wien
Seidengasse 13, 1070 Wien
Tel.: (43-1) 5 26 20 44-0,
Fax: 5 26 20 44-30
e-mail: hl@literaturhaus.at
http://www.literaturhaus.at/
Leiter: Heinz Lunzer

Interessengemeinschaft österreichischer Autorinnen und Autoren (IG Autorinnen Autoren)
e-mail: ig@literaturhaus.at
Geschäftsführer: Gerhard Ruiss

Österreichische Akademie der Wissenschaften
Dr. Ignaz Seipel-Platz 2,
1010 Wien
Tel.: (43-1) 5 15 81-0
http://www.oeaw.ac.at

Nationale und Internationale Forschungsprogramme
e-mail:
gerlinde.schrammel@oeaw.ac.at
Kontaktperson: Dr. Gerlinde Schrammel

Österreichische Gesellschaft für Germanistik (ÖGG)
p. A. Institut für Germanistik der Universität Graz
Universitätsplatz 3, 8010 Graz
Tel.: (43-316) 3 80 24 45,
Fax: 3 80 97 60
e-mail:
anton.schwob@kfunigraz.ac.at
Präsident: Univ. Prof.
Dr. Anton Schwob

Österreichische Gesellschaft für Literatur
Herrengasse 5, 1010 Wien
Tel.: (43-1) 5 33 81 59, 5 33 08 64,
Fax: 5 33 40 67
e-mail: office@ogl.at
http://www.ogl.at
Präsidentin: Marianne Gruber

Österreichischer Kultur-Service (ÖKS)
Stiftgasse 6, 1070 Wien
Tel.: (43-1) 5 23 57 81-0,
Fax: 5 23 89 33
e-mail: oks@oks.ac.at
http://www.blackboard.at/oks
Geschäftsführer: Dr. Michael Wimmer

Österreichischer P.E.N. Club
Bankgasse 8, 1010 Wien
Tel.: (43-1) 5 33 44 59,
Fax: 5 32 87 49
Präsident: Alexander Giese

Österreichischer Schriftstellerverband
Kettenbrückengasse 13-15/1/7,
1050 Wien
Tel.: (43-1) 5 86 41 51
Präsident: Hermann Lein

Österreichisches Ost- und Südosteuropa-Institut
Josefsplatz 6, 1010 Wien
Tel.: (43-1) 5 12 18 95,
Fax: 5 12 18 95-53
Direktorin: Dr. Waltraud Heindl

OSI – Außenstelle Budapest
1014 Budapest, Úri u. 53.
Tel./Fax: (36-1) 3 75 68 46
e-mail: bela.rasky@univie.ac.at
Leiter: Dr. Béla Rásky

Österreich-Kooperation (ÖK)
(Vermittlung von LektorInnen)
Berggasse 21/14, 1090 Wien
Tel.: (43-1) 3 17 69 93,
Fax: 3 17 49 35 18
e-mail: arnulf.knafl@oek.at
http://www.oek.at/
Geschäftsführer:
Dr. Bernhard Stillfried
Kontaktperson: Dr. Arnulf Knafl

Schule für Dichtung in Wien
Mariahilfer Straße 88 a/II/5 d,
1070 Wien
Tel.: (43-1) 5 22 35 26,
Fax: 5 22 62 24
e-mail: sfd@blackbox.at
Leiter: Christian Ide Hintze

Verein der Bücherwürmer Lana – Session Lana (Italien)
Andreas-Hofer-Straße 7b,
39011 Lana
Tel.: (39-473) 56 39 65,
Fax: 56 29 83

VERBÄNDE LITERARISCH ÜBERSETZENDER

Übersetzergemeinschaft
Seidengasse 13, 1070 Wien
Tel.: (43-1) 5 26 20 44 18,
Fax: 5 24 64 35
e-mail: ueg@literaturhaus.at
http://www.translators.at
Leiterinnen: Brigitte Rapp,
Utta Roy-Seifert

Österreichischer Übersetzer- und Dolmetscherverband
Gymnasiumstraße 50,
1190 Wien
Tel./Fax: (43-1) 3 68 60 60
e-mail: universitas@xpoint.at
http://www.universitas.org
Präsidentin: Elisabeth Schwarz

FÖRDERUNGEN FÜR LITERARISCHES ÜBERSETZEN, LITERATURPREISE UND STIPENDIEN

Österreichischer Staatspreis für literarische Übersetzung
Bundeskanzleramt – Abt. II/5
(siehe oben)

Übersetzerpreis der Stadt Wien, Übersetzerstipendien der Stadt Wien
Kulturamt der Stadt Wien, Übersetzergemeinschaft
(siehe oben)
Kontaktperson: Nadja Grössing

Übersetzerförderung, Übersetzungsförderung
Bundeskanzleramt – Abt. II/5
(siehe oben)

KulturKontakt Austria
(siehe oben)

Österreichische Gesellschaft für Literatur
(siehe oben)

Paul Celan-Übersetzungsprogramm
Institut für die Wissenschaften vom Menschen (IWM)
(siehe oben)
e-mail:
winkler@iwm.univie.ac.at
Kontaktperson:
Rosemarie Winkler

Österreichisches Übersetzerseminar
Übersetzergemeinschaft
(siehe oben)
Kontaktperson: Claudia Zecher

UNIVERSITÄTEN

Institut für Germanistik der Universität Wien
Dr.-Karl-Lueger-Ring 1,
1010 Wien
Tel.: (43-1) 42 77-4 21 01,
42 77-4 21 08, Fax: 42 77-94 21
http://www.univie.ac.at/
Germanistik
Vorstand:
Prof. Dr. Herbert Tatzreiter

Institut für Finno-Ugristik der Universität Wien
Spitalgasse 2, Hof 7, 1090 Wien
Tel.: (43-1) 4277-43001,
Fax: 42 77-94 30
e-mail:
finno-ugristik@univie.ac.at
http://www.univie.ac.at/
Finno-Ugristik
Vorstand:
Prof. Dr. Károly Rédey

Institut für Übersetzer- und Dolmetscherausbildung der Universität Wien
Gymnasiumstraße 50,
1190 Wien
Tel.: (43-1) 4 27 74 39 01,
Fax: 42 77 94 39
e-mail: translation@univie.ac.at
http://www.univie.ac.at/transvienna
Vorstand: Univ.-Prof. Dr. Dieter Kastovsky

Institut für Germanistik der Karl-Franzens-Universität Graz
Universitätsplatz 3, 8010 Graz
Tel.: (43-316) 3 80 24 40,
-24 41, -24 43, Fax: 3 80 97 60
e-mail: germanistik@gewi.kfunigraz.ac.at
http://www.gewi.kfunigraz.ac.at
Vorstand: Univ. Prof. Dr. Paul R. Portmann-Tselikas

Institut für Übersetzer- und Dolmetscherausbildung der Karl-Franzens-Universität Graz
Merangasse 70, 8010 Graz
Tel.: (43-316) 3 80-26 66,
Fax: 3 80-97 85
e-mail:
uedg@gewi.kfunigraz.ac.at
http://www.gewi.kfunigraz.ac.at
Vorstand:
Univ. Prof. Dr. Erich Prunc

Franz-Nabl-Institut für Literaturforschung
Universität Graz
Humboldtstr. 9, 8010 Graz
Tel.: (43-316) 67 76 20,
Fax: 67 48 40
e-mail:
bartens@baln.kfunigraz.ac.at
http://www-gewi.kfunigraz.ac.at/nabl/
Kontaktperson:
Mag. Daniela Bartens

Institut für Germanistik der Universität Innsbruck
Innrain 52, 6020 Innsbruck
Tel.: (43-512) 5 07 41 21,
Fax: 5 07 28 99
http://germanistik.uibk.ac.at
Vorstand:
Univ. Prof. Dr. Klaus Müller-Salget

Innsbrucker Zeitungsarchiv zur deutsch- und fremdsprachigen Literatur
Abteilung für Literaturkritik und Rezeptionsforschung
Universität Innsbruck, Institut für Germanistik
Innrain 52, 6020 Innsbruck
Tel.: (43-512) 5 07 41 45,
Fax: 5 07-28 81
e-mail: germanistik@uibk.ac.at
http://iza.uibk.ac.at
Leiter: Dr. Michael Klein

Institut für Germanistik der Universität Klagenfurt
Universitätsstraße 65-67,
9022 Klagenfurt
Tel.: (43-463) 2 70 04 48,
-4 49, -4 40, Fax: 27 00 61 10
e-mail:
hans.groechenig@uni-klu.ac.at
http://www.uni-klu.ac.at

Vorstand: Univ. Doz. Dr. Hans Gröchenig

Institut für Germanistik der Universität Salzburg
Akademiestraße 20,
5020 Salzburg
Tel.: (43-662) 80 44 43 50,
Fax: 8 04 46 12
http://www.sbg.ac.at/ger/home.htm
Vorstand: Univ. Doz. Dr. Eduard Beutner

Donau-Universität Krems
Abteilung Kulturwissenschaften,
Zentrum für Wort und Text
Dr.-Karl-Dorreck-Straße 30,
3500 Krems
Tel.: (43-2732) 893-0,
Fax: 893-4000
e-mail: info@donau-uni.ac.at
http://www.donau-uni.ac.at
Studienservicecenter:
Mag. Vera Ehgartner

ÖSTERREICHISCHES KULTURINSTITUT IN UNGARN

Österreichisches Kulturinstitut
1068 Budapest, Benczúr u. 16.
Tel.: (36-1) 351 1770,
Fax: 351 1772
e-mail: austro.cult@pronet.hu
Kontaktperson:
Mag. Christa Wenzl

VERLAGE

Böhlau Verlag
Sachsenplatz 4-6, PF 87,
1201 Wien
Tel.: (43-1) 3 30 24 27,
Fax: 3 30 24 32
e-mail: boehlau@boehlau.at
Verlagsleiterin:
Dr. Eva Reinhold-Weisz

Literaturverlag Droschl
Alberstraße 18, 8010 Graz
Tel.: (43-316) 32 64 04,
Fax: 32 40 71
e-mail: droschl@droschl.com
http://www.droschl.com
Verlagsleiter:
Maximilian Droschl

Löcker Verlag
Annagasse 3a, PF 101,
1015 Wien
Tel.: (43-1) 5 12 02 82,
Fax: 5 12 02 82-22
e-mail: verlag@loecker.at
Verlagsleiter:
Erhard Löcker

Otto Müller Verlag
Ernest-Thun-Straße 11, PF 167,
5021 Salzburg
Tel.: (43-662) 88 19 74,
Fax: 87 23 87
e-mail: otto.muellerverlag@salzburg.co.at
Verlagsleiter:
Arno Kleibel

Paul Zsolnay Verlag
Prinz-Eugen-Straße 30,
1041 Wien
Tel.: (43-1) 505 76 61-0,
Fax: 505 76 61-10
Verlagsleiter: Michael Krüger
Programmleiter:
Herbert Ohrlinger

Residenz Verlag
Gaisbergstraße 6, 5025 Salzburg
Tel.: (43-662) 64 19 86-0,
Fax: 64 35 48
e-mail: residenz@oebv.co.at
Verlagsleiter: Jochen Jung

Edition Thanhäuser
Wallseerstraße 6, Postfach 9,
4100 Ottensheim an der Donau
Tel./Fax: (43-7234) 8 38 00
Verlagsleiter:
Christian Thanhäuser

Wespennest
Rembrandtstraße 31/4,
1020 Wien
Tel.: (43-1) 332 66 91,
Fax: 333 29 70
e-mail: wespen@ping.at
http://www.ping.at/wespennest/
Verlagsleiter: Walter Famler

Wieser Verlag
Ebentalerstr. 34b, 9020 Klagenfurt/Celovec
Tel.: (43-463) 3 70 36,
Fax: 3 76 35
e-mail:
office@wieser-verlag.com
http://www.wieser-verlag.com
http://www.wieser-verlag.co.at
Verlagsleiter: Lojze Wieser

ZEITSCHRIFTEN

Kolik
Taborstraße 33/21, 1020 Wien
Tel./Fax: (43-1) 2 14 48 51
e-mail: kolik@aon.at
Herausgeber: Gustav Ernst,
Karin Fleischhanderl

Landstrich
Reikersberg 5, 4780 Brunnenthal
bei Schärding
Tel./Fax: (43-7712) 63 83
Chefredakteur:
Gerwald Sonnberger

Literatur und Kritik
Otto Müller Verlag
(siehe oben)
Chefredakteur:
Karl-Markus Gauß

Manuskripte
Sackstraße 17, PF 921,
8010 Graz
Tel./Fax: (43-316) 82 56 08
Herausgeber: Alfred Kolleritsch,
Franz Weinzettl

Pannonia
Edition Roetzer
Mattersburger Straße 25,
7001 Eisenstadt
Tel.: (43-2682) 6 24 94,
Fax: 6 50 08
Chefredakteur:
Robert Heger

Perspektive
Rottalgasse 4/30, 8010 Graz
Tel.: (43-316) 67 93 21,
Fax: 67 93 21

e-mail: helmut.schranz@
computerhaus.at,
robstein@lit.u-szeged.hu
Kontaktpersonen: Helmut
Schranz, Robert Steinle

Podium
Flurschützstraße 8/26,
1120 Wien
Tel.: (43-1) 8 17 39 71
Chefredakteur: Beppo Beyerl

Transit
Europäische Revue
siehe: IWM
e-mail: nellen@iwm.at
Chefredakteur: Klaus Nellen

Wespennest
(siehe oben)

EUROPÄISCHE
KOMMISSION

Generaldirektion X
Information, Kommunikation, Kultur und audiovisuelle Medien
Rue de la Loi 200/
Wetstraat 200
B-1049 Bruxelles/Brüssel
Tel.: (32-2) 299 11 11-29-0
http://europa.eu.int/comm/
dg10/culture/indexen.html

Direktion C – Audiovisuelle Politik, Kultur und Sport
Direktion C5 – Kulturförderung, Kaleidoskop und Ariane
120, Rue de Trèves, Büro 5/51
B-1049 Bruxelles/Brüssel
Tel.: (32-2) 299 94 19,
Fax: 299 92 83
Referatsleiterin: Enrica Varese

Europäische Kulturstiftung
Jan van Goyenkade 5
NL-1075 HN Amsterdam
Tel.: (31-20) 676 02 22,
Fax: 675 22 31
e-mail: eurocult@eurocult.org
http://www.eurocult.org
Kontaktperson: Odile Chenal

Fund for Central and East European Book Projekts
Kontaktperson: Sophie Leferink

(Zusammengestellt von Julianna Wernitzer)

AUTORINNEN UND AUTOREN

Lajos Adamik
Geboren 1958 in Budapest, Studium der Germanistik, Slawistik und Sprachwissenschaft in Budapest, 1987-91 Lektor im Helikon Verlag, seither freier Übersetzer.

Attila Bombitz
Geboren 1971, Kritiker und Übersetzer. Assistent am Lehrstuhl für Österreichische Literatur und Kultur in Szeged. Herausgeber von István Bakas Publizistik aus dem Nachlaß (1999) und Redakteur des österreichischen Sonderheftes der Zeitschrift *tiszatáj* (1999).

György Buda
Geboren 1945 in Hutthurm, lebte bis zum Aufstand 1956 in Ungarn, Studium in Wien, Dolmetscher und Übersetzer. Erhielt zweimal den Übersetzerpreis der Stadt Wien.

Károly Csúri
Geboren 1946 in Szeged, Studium der Germanistik und Anglistik. Gründer und Vorstand des Lehrstuhls für Österreichische Literatur und Kultur in Szeged. Zur Zeit Direktor des Collegium Hungaricum in Wien.

György Dalos
Geboren 1943, studierte deutsche Geschichte in Moskau, 1968 aus der KP ausgeschlossen und vor Gericht gestellt. 1984/85 DAAD-Stipendium, seit 1987 freier Mitarbeiter deutscher und österreichischer Medien, lebte in Wien, 1995–1999 Leiter des Ungarischen Kulturinstituts in Berlin. Kurator der literarischen Schwerpunktveranstaltungen auf der Frankfurter Buchmesse 1999. Lebt in Berlin. Bücher u. a.: »Die Beschneidung«, 1990; »Gast aus der Zukunft. Anna Achmatowa und Sir Isiah Berlin«, 1996; »Der Gottsucher«, 1999.

Pál Deréky
Geboren 1949 in Budapest, 1964 Übersiedlung nach Österreich. Studium der ungarischen Philologie und der Kunstgeschichte in Wien.

Unterrichtet seit 1981 ungarische Literaturgeschichte. Lebt in Wien. Bücher u. a.: »Ungarische Avantgarde Dichtung in Wien 1920–1926« (1991) und »Lesebuch der ungarischen Avantgardeliteratur 1915 bis 1930« (1996).

István Eörsi
Geboren 1931 in Budapest, Studium der Anglistik und Hungarologie in Budapest. Lehrer und Journalist, Mitglied des Kreises um Georg Lukács. 1956 verhaftet und 1960 entlassen. Übersetzer, Schriftsteller und Essayist. Lebt in Budapest. Auf Deutsch erschienen u. a.: »Das Verhör«, 1984; »Erinnerung an die schönen alten Zeiten«, 1991; »Tage mit Gombrowicz«, 1997; »Hiob und Heine«, 1999.

Péter Esterházy
Geboren 1950 in Budapest, 1969–74 Studium der Mathematik in Budapest. 1980 DAAD-Stipendium. 1996/97 Stipendiat des Berliner Wissenschaftskollegs. Lebt in Budapest. Bücher u. a.: »Kleine ungarische Pornographie«, 1987; »Das Buch Hrabals«, 1991; »Donau abwärts«, 1992; »Eine Frau«, 1996.

Bernhard Fetz
Geboren 1963 in Höchst, Studium der Germanistik, Publizistik und Romanistik in Wien. Seit 1996 wissenschaftlicher Mitarbeiter des Österreichischen Literaturarchivs in Wien. Arbeiten vor allem zur Literatur des 20. Jahrhunderts.

Antonio Fian
Geboren 1956 in Klagenfurt, lebt seit 1976 in Wien. Freier Schriftsteller. 1990 Österreichischer Staatspreis für Kulturpublizistik. Bücher u. a.: »Schratt«, 1992, ungar. 1993; »Was bisher geschah«, 1994; »Hölle, verlorenes Paradies«, 1996; »Was seither geschah«, 1998.

Barbara Frischmuth
Geboren 1941 in Altaussee, ab 1959 Dolmetschstudium Türkisch/Ungarisch in Graz, anschließend bis 1967 Studium der Orientalistik in Wien. Gründungsmitglied des Grazer Forum Stadtpark. Übersetzungen aus dem Türkischen, Ungarischen und Englischen. Lebt in Altaussee. Zahlreiche Preise. Zuletzt erschienen: »Die Schrift des Freundes«, 1998.

László Garaczi
Geboren 1956 in Budapest. Studium der Philosophie in Budapest. Bücher u. a.: »Plastik«, 1985, dt. 1990; »Tanz der Wale«, 1994, dt. 1994; »Mintha élnél. Egy lemúr vallomásai, 1.«, 1995; »Pompásan buszozunk! Egy lemúr vallomásai, 2.«, 1998.

Andreas Jungwirth
Geboren 1967 in Linz. Studium der Germanistik sowie Schauspielstudium in Wien. Lebt derzeit in Berlin. Werke u. a.: »Im Tosen der Stadt«, 1997; »Madonnenterror«, 1997; »Zwischen Nase und Brillenbogen«, 1998.

Klaus Kastberger
Geboren 1963, Literaturwissenschafter und -kritiker, Mitarbeiter des Österreichischen Literaturarchivs in Wien. Herausgeber von Essaybänden zu Friederike Mayröcker, Marianne Fritz und Andreas Okopenko. Mitherausgeber des Katalogbandes »Der literarische Einfall. Über das Entstehen von Texten« (1998).

Edit Király
Geboren 1959 in Budapest, Studium der Germanistik, Hungarologie und Soziologie in Budapest, Forschungsaufenthalt in Wien, Oberassistentin an der Universität Budapest und literarische Übersetzerin.

Edit Kovács
Geboren 1971 in Fehérgyarmat, 1989–1994 Studium der Germanistik und Geschichte. Seit 1998 Assistentin am Lehrstuhl für Deutschsprachige Literaturen der Universität Debrecen.

Dániel Lányi
Geboren 1962 in Budapest, Studium der Anglistik und Germanistik in Budapest, seit 1990 Assistent am Lehrstuhl für Deutschsprachige Literaturen der Universität Budapest. Übersetzer und Dolmetscher.

László Márton
Geboren 1959 in Budapest, Studium der Hungarologie, Germanistik und Soziologie in Budapest. Bücher u. a.: »Menedék«, 1985; »Átkelés az üvegen«, 1992; »Die fliehende Minerva oder die letzten Tage des Verbannten«, 1997; »Die wahre Geschichte des Jacob Wunschwitz« 1997, dt. 1999.

Sándor Mészáros
Geboren 1959 in Bonyhád, Schriftsteller, Kritiker, Redakteur. 1989–98 Redakteur der literarischen Zeitschrift *Alföld*. Ab 1991 Vorsitzender des József-Attila-Kreises.

Terézia Mora
Geboren 1971 in Sopron, Studium der Theaterwissenschaft und der Hungarologie in Budapest und in Berlin. Drehbuch-Diplom der Deutschen Film- und Fernsehakademie Berlin. Lebt als freie Autorin sowie als Übersetzerin in Berlin. Ingeborg-Bachmann-Preis 1999. Bücher u. a.: »Seltsame Materie«, 1999.

Kurt Neumann
Geboren 1950 in Gmunden, 1976 Promotion zum Dr. med. univ., seit 1977 verantwortlich für das Literaturprogramm der Alten Schmiede Wien. Bücher u. a.: »Gegen Weinen Gegen Klagen Gegen Hoffen Gegen Zagen« (Oratorium für Sprechmedium), 1986; »Aus dem Uebungsheft zur Unterhaltunsliteratur«, 1992.

Christian Oberwagner
Geboren 1963 in Linz, Studium der Germanistik, Anglistik und Romanistik in Salzburg. Seit 1992 Lektor an der Universität Szeged mit Schwerpunkt Linguistik.

Georg Oswald
Geboren 1966 in Bruck/Mur, Studium der Deutschen Philologie und Volkskunde in Graz und Wien, 1993–95 Lektor an der Pädagogischen Hochschule in Békéscsaba, Ungarn, 1995–98 an der Universität Guadalajara, Mexiko. Lebt seit 1998 wieder in Wien.

Lajos Parti Nagy
Geboren 1953 in Szekszárd, Studium der Literatur und Geschichte in Pécs. Schriftsteller und Übersetzer. Bücher u. a.: »Angyalstop«, 1982; »Szódalovaglás«, 1990; »A hullámzó Balaton«, 1994; »Esti kréta«, 1995; »Ibusár – Mausóleum«, 1996; »Mausoleum« dt. 1999; »A test angyala«, 1997.

Kathrin Röggla
Geboren 1971 in Salzburg, Studium der Germanistik und Publizistik in Salzburg und Berlin. 1993 Open-Mike-Preis der literaturWERKstatt Berlin, 1995 Reinhard-Priessnitz-Preis. Bücher u. a.: »Niemand lacht rückwärts«, 1995; »Abrauschen«, 1997.

Wendelin Schmidt-Dengler
Geboren 1942 in Zagreb, Studium der Klassischen Philologie und Germanistik, Professor am Institut für Germanistik, Leiter des Österreichischen Literaturarchivs an der Österreichischen Nationalbibliothek, Publikationen zur deutschen und österreichischen Literatur, vor allem des 19. und 20. Jahrhunderts.

Andrea Seidler
Geboren 1955 in Sopron, Studium der Germanistik, Anglistik und Finno-Ugristik in Wien. Seit 1988 Lehrtätigkeit am Institut für Finno-Ugristik in Wien. Zahlreiche Übersetzungen aus dem Ungarischen (u. a. László Garaczi, Ágota Gordon, Endre Kukorelly, Ferenc Szijj).

Robert Steinle
Geboren 1962 in Freising, Lektor am Germanistikinstitut in Szeged. Mitherausgeber der Literaturzeitschrift *perspektive*.

Dezső Tandori
Geboren 1938 in Budapest, Studium der Hungarologie und Germanistik, dann Mittelschullehrer, seit 1971 freier Schriftsteller und Übersetzer. Zeichnet und tritt als Performance-Künstler auf. Bücher u. a. auf deutsch: »Startlampe ohne Bahn«, 1994; »Langer Sarg in aller Kürze«, 1997.

Julianna Wernitzer
Geboren 1959 in Szolnok, Literaturwissenschafterin. Studium der Literatur und Ästhetik in Budapest. 1991 Doktorat am Institut für Finno-Ugristik in Wien. Lektorin am Institut für Übersetzer-/Dolmetscherausbildung der Universität Wien. Mitarbeiterin im Zentrum für zeitgenössische Literatur in Budapest.

REDAKTION

Peter Plener
Geboren 1968 in Lilienfeld, Studium der Germanistik und Geschichte in Wien. 1993–97 Lektor an der Universität Budapest, seit 1993 Lektor an der Universität Wien.

HERAUSGEBERINNEN

Mária Mayer-Szilágyi
Geboren 1952 in Debrecen, Studium der Germanistik und Kulturwissenschaften in Debrecen, Studium der Theaterwissenschaften an der Theater- und Filmhochschule Budapest, Theaterreferentin für den deutschsprachigen Raum am Ungarischen Theatermuseum und -institut. Lehrbuchautorin, Übersetzerin, Theaterprojekte, Gründerin und Leiterin des Festival Zeitgenössischer Dramatik Budapest. Lebt in Budapest.

Margot Wieser
Geboren 1963 in Schwarzach, Studium der Germanistik und Romanistik in Salzburg und Reims, Lektorin an der Pädagogischen Hochschule in Szombathely und am Germanistischen Institut der Universität Budapest, 1994–98 Redaktionsmitglied der Kulturzeitschrift *was*. Seit 1995 im Bereich der Bildungskooperation zwischen Österreich und Ungarn tätig. Lebt in Budapest.